マーク・ローランズ 著
今泉みね子 訳

哲学者が走る

人生の意味について
ランニングが教えてくれたこと

白水社

哲学者が走る

人生の意味についてランニングが教えてくれたこと

本書を父ピーター・ローランズの想い出に捧げる。
長距離走は終わってしまったが、あなたの足音はいまだに
こだましている。

Japanese translation published by arrangement with Granta Publications
through The English Agency (Japan) Ltd.

哲学者が走る　目次

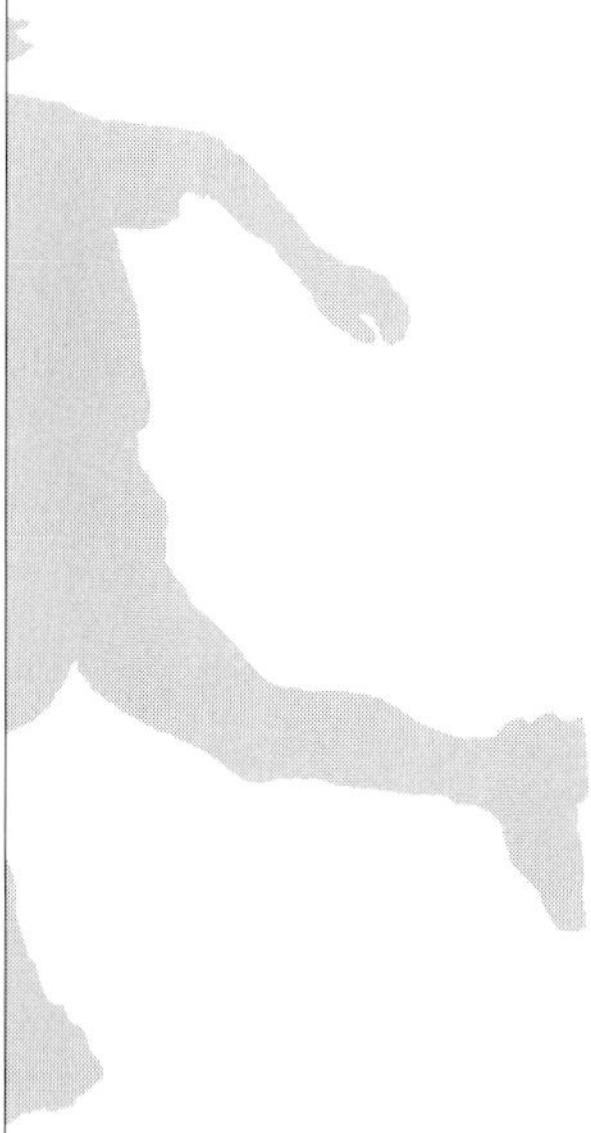

装丁　伊勢功治

はじめに——走り、そして思い出す

走るということは何なのだろう。何百万人もの人がレクリエーションとして走るとき、走ることはどのような意味や意義をもつのだろう。この答えは走る人自身によって異なる、と考えることもできるかもしれない。人によって走る理由は違うのだと。楽しいから、気分が良いから、容姿のため、健康に良いから、幸福になるから、生き生きするから、走る人がいる。会社のために走る人、日常生活のストレスから解放されるために走る人もいる。自分を追いつめて自らの限界を知ろうとする人、自分の限界を他人の限界とくらべようとする人もいる。走ることの意義が人それぞれで違うのは明らかだと思う。なぜなら、走ることの意義は率直に言って、一人ひとりの走る理由と同然なのだから。

それでも、走ることが個々の人にとってだけでなく、人類全体にとっても意味や意義があると考えることが、いま流行っている。人間の進化の歴史、つまり、わたしたち——わたしたちすべて——を今日のような存在にする過程で走ることが果たした役割の中に、走ることの意義が根ざしていると考える人は多いのだ。人間は走るために生まれた類人猿であって、何百万年間もの無作為な突然変異と自然選択によって、走るサルへと設計されたのだと考える人もいる。たぶん、かれらの考えは正しいのだろう。

わたしたちは狩りをするために走った。植物だけではなく、動物も食べられるようにと走った。そしてハーヴァード大学の人類学者、リチャード・ウラングハムその他が論じているように、その結果、わたしたちの食物中のタンパク質成分が増加し、それが、わたしたちの脳が著しく増大したことに少なくとも何らかの役割を果たした。「大脳化」の推進力ではなかったかもしれないが、このようなタンパク質増加なくしては脳の増大は起こらなかっただろう。言い換えれば、走ることで、わたしたちの種としての発展にブレーキをかける要因が取り除かれたのである。

わたしたちの祖先が走ったことと、わたしたちが現在もつ突出した認識能力との間に、もっと緊密な関係すらあるとみなしてきた人もいる。わたしたちの祖先の狩りの戦略は、スピードではなくて忍耐にもとづいていた。獲物の群れがたとえ大きくても、その中の一頭にだけ狙いをつけ、何マイルも追跡してプレッシャーをかけ、相手が走りつづけて、ついには疲れ果てて死にいたるまで追い込む、という能力にもとづいていたのだと。他の個体はいっさい無視して一頭の獲物だけに狙いを定め、水平線のかなたに消えつつある獲物を見失なうことなく、何時間も何日間も追いつづけなければならなかった。そのことが、わたしたちがもつ認識力すべての基礎となったのだ、とヴァーモント大学の生物学者、ベルント・ハインリッヒは論じている。

こうした話は、わたしたちが自分について語る話の多くと同じく、それらの内容の故にというよりも、それらが示唆していることの故に重要だと思う。これらの話がかならずしも誤っていると言いたいのではない。むしろその逆で、これらの話には重要な真実の要素があるとは思う。けれども、真実の一要素が真実全体のなかで誤解されると、ときには偽りよりも有害な場合がある。このような、走ることの意義を進化論的に解き明かす説は、ホモ・サピエンスにとって走ることがどのように有用であったかという点で説明しようとしている。ここにはなんら誤りはない。これは進化論的な説明の仕方であって、有効であるに違いない。

　けれども、この説明は暗に――これこそがこうした説が示唆していることなのだが――走ることを何らかの価値に帰そうとしている。走ることは、それによってなし遂げられることの故に価値がある、走ることは、走ることがもたらす他のものの故に価値がある、というわけだ。

　走ることの意義を、人はなぜ走るのかという面から説明しようとすると、このような価値づけが個人のレベルでくりかえされる。個々の人が走るのは、走ることが人それぞれの形で有用だからだ、とされるのだ。哲学者はしばしば、有用性に由来するこのような価値を「道具的」価値とみなす。あるものが道具として価値がある場合、つまり目的達成のための手段として価値がある場合、それは「道具的価値」をもつということになる。金銭には道具的価値がある。金銭の価値は、これで人が買うことができる物の価値にあるからだ。医学には道具的価値がある。医学の価値は、人が医学のおかげでとり戻す健康の価値に存在するからだ。あるものが道具的価値だけしかもたないなら、それ自体には価値がないことになる。その価値はつねに他のどこか、それ自身以外の何かにある。この他の何かこそが、価値の真の在りか《ロークス》なのである。

　走ることは道具的価値をもっている。けれども、走ることを個々人のレベルおよび進化のレベルで説明するときに暗に含まれる誤りは――この誤りは恐ろしい歴史的な嘘であるとみなせるほど大きいかも知れない――この道具的価値だけが走ることの唯一の価値だとみなす点にある。だが、道具的価値だけが走ることの価値ではない。道具的価値は、走ることがもつ第一の価値ですらない。

わたしたちは、ある面ではおそろしい時代に生きている。走ることについてのこのような道具的な考え方は、わたしたちが育ってきた極度に功利主義的な時代の反映である。あらゆることが有用性をもたなければならない時代——あらゆることが「何かのために良く」なければならない時代だ。おそらく二〇世紀でもっとも重要な哲学者のマルティン・ハイデガーは、彼の独創的なエッセー「技術への問い」の中で、現代には彼が「ゲシュテル（Gestell）」［日本語では「立て・組み」などと訳されている］つまり「枠づけ」と呼ぶものが暗に含まれていると述べている。すなわち、現代は、わたしたちを囲む世界のある一つの見方や理解の仕方を具体化しており、それによって、世界の別の見方を排除するという。現代がこの点で唯一無比というわけでは決してない。人類の他のすべての時代も、それぞれ明確なゲシュテルをもっていた。現代の特徴は、そのゲシュテルが道具的つまり功利主義的な形だけをもつという点にある。

　現代世界のゲシュテルでは、あらゆるものが何らかのことの資源へと還元されてしまうのだ。わたしたちは物事を、それが役に立つかどうかという点で——あえて言えば、それが良かれ悪しかれ、わたしたちに何をもたらすかという点で、対処・理解し、物事にはそれ以外にも価値があるかもしれないということを理解できないのである。自然世界すらもがいまでは、自然資源の集合として説明されるようになった。ハイデガーは、文法を無視するのが好きな彼らしく、現代の思考がもつこうした道具的な傾向を「世界の暗黒化（darkened of the world）」と記した。真実自体が狭義に技術的な尺度で理解されるのである。

　もはやわたしたちは、本質的には、価値を有用性の機能以外の点では考えられなくなってしまったのだと言ったら、言い過ぎかもしれない。それでも、これはむずかしくなった。たしかに、走るという活動は自分自身にとっても、他の人にとっても、ふつうはこの有用性の点で正統化される。人は健康のために、太らないように、リラックスするために、活力を保つために走るのだというわけだ。このような答えに暗に含まれているのは、もし走ることが正当な時間の過ごし方だとすれば、それは「何かのために良く」なければならない、何らかの形で有用でなければならないという仮定である。走ることは、それがわたしたちにもたらすものとは無関係に価値をもつのだとか、道具的な点では理解できないような価値をもつかもしれない——こういった考え方を、わたしたちは理解すらしにくくなっている。わたしはこれを自分の経験から言っている。この点がわかるまでには、何年も、いや実際には何十年もの混乱した年月がかかった。

本書では、ランニング体験の記述に多くの時間をさくつもりだ。哲学者がときに言うところの、「現象学的な」探求をしようと思う。こうするのは、これ自体が目的なのではないし、それが楽しくてするわけでもない。実際、これはやっかいで、しばしば骨の折れる作業だからだ。それよりも、走った体験を記述するのは、これがまったく異なる類の価値の体験だからだと言いたい。道具的ではない価値、機能として役に立つものではない価値だ。そして、この価値の中でこそ人は、人生で重要な何かを、少なくとも大まかに見きわめることができるのだ。

本書では、ある主張を弁護するつもりだ。この主張に対しては、多くの人、たぶんほとんどの人が違和感を覚えるだろう。走ることには多種多様な形の道具的価値があるのは本当だ。それでも、純粋かつ最上の形では、走ることにはこれらとはまったく異なった類の価値がある。これは「内在的」とか「固有の」価値と呼ばれることがある。ある何かが内在的な価値をもつと言うとき、それは、この何かがそれ自体の故に価値がある、という意味であって、この何かによって他の何かが得られるとか、所有できるから価値があるという意味ではない。わたしは本書で、走ることには内在的に価値がある、と述べるつもりだ。だから、人が走るとき、そしてこの正しい理由の故に走るとき、人は人生に本来備わった価値と接するのである。

このことは、走ることの本質、すなわち走るとは実は何なのかを、単に理解するよりも、はるかに広い意味をもっている。「世界の暗黒化」の中に生きていると、わたしたちは内在的な価値に出会ったときに、それを認識する力がなくて人生を損ねてしまう。わたしたちは、あることを他の何かのためにすることで人生を送っており、その他の何かもまた、別の何かのためにする。際限なく他の何かのために何かをする人生七〇年、いや八〇年、何か価値のあるものを追い求めて、ほとんど得られるためしのない何十年。何か他のことのためにだけではなく、それ自体の故に重要であるものに触れれば、このような追い求めを少なくともしばらくは止めることになるだろう。少なくともちょっとの間、価値を追い求めるのではなく、価値の中に浸るのである。

人はときどき、哲学者がしていると思われるような問い、「この人生の意味は何なのか」を問う。ただし今日では、このような疑問を出す哲学者はほとんどいないが。この問いは少なくとも二つの面で、的外れにできている。まず、「意味」という言葉から、人によっては探すべき答えが神秘的なもの、教祖から得られるような類の答えだと思ってしまう。第二に、意味という言葉の前に定冠詞がついているので、この問いへの答えはただ一つしかないことが暗示されている。ある種の実存的な魔球とでもいうべきものが、人生とはそもそも何なのかを明解に教えてくれそうだと。しかし、現実にわたしたちはこのような問いをけっこうしているし、それほど大それたものではない。たいていの人が折にふれ自分自身に発している問いである。人生では何が大切なのだろうか、人生においては何が価値あるものなのだろう、人生で何を追い求めるべきなのだろう、自分が望む生き様が、自分が価値をおいていることを反映するとしたら、どのように自分は生きるべきなのか、と。これらの疑問に神秘的に答えてもほとんど役には立たない。理解できる程度には役だつ答えはあるかもしれないし、あるいは、答えは神秘的なものではないと理解できる程度には役だつ答えもあるかもしれない。それに、これらの疑問にはたった一つの答えしかないと考える理由もない。

わたしが言いたいのは、走ることは、人生で何が大切で価値があるのかを、理解する方法の一つだということだ。自分自身を内在的な価値に触れさせる方法の一つなのである。人生に内在する価値が姿を現わし、あるいはその存在を知らせるのだ。走ることだけがこのための唯一の方法ではない。それでも、方法の一つではあり、したがって、人生の意味の問いに対する答え方の一つ、この問いがもつことのできる唯一の筋が通った形での、答え方の一つである。たとえそれがどれほど月並みで、ありふれているとしても。

この疑問への答えは、少なくともわたしにとっては、常にあいまいで、流動的である。ある瞬間には理解するが、次の瞬間には答えは消え去ってしまう。それでも、これらの瞬間は、わたしの人生でいちばん大切な瞬間だといえる。

基本的には、わたしは読者に、走ることで具体化するあるタイプの知識があることを、確信してもらおうと思う。走っていると、わたしは、人生で何が大切であるのかを知る。ただし、自分がそれを知ったということを、長年の間知らなかったが。これは新たに獲得される知識というよりも、とり戻される知識である。少年だったころも、人生で何が大切なのか、わたしは知っていた。わたしたちすべてが知っていたと思う。たとえ、自分がそれを知っていたということを知らなかったとしてもだ。けれども、成長して何らかの人間になるという偉大なゲームを始めたとき、わたしはこのことを忘れてしまった。実際これは、この人生ゲームをそもそもプレイするためには忘れなければならなかったものなのだ。この意味を理解する必要性がもっとも少ない人こそが、もっとも自然に難なく理解できるというのは、人生最大のアイロニーの一つである。

長距離走では、とり戻すことが決してできない子供時代のささやきを聞くことができる。決して戻ることのできない家《ホーム》のささやきを。長距離走でのこうしたささやき、ざわめき、つぶやきの中には、かつて自分が知っていたことをふたたび理解する瞬間があるのだ。

思考はページに印刷されているが、これらは人生を貫いてこだまする。ゆっくりと遠くまで鳴る鐘のこだまだ。ただし、こだまは、それを起こした響きを単に複製するのではなく、常に微妙に形が変わっている。常に形が変わるのは、人生が常に動いているからだ。これは人生の中で起こる思考のドプラー効果である。思考は、単に考えることから生まれるだけではなく、生き、変化するのだ。そろそろわたしにもわかってきたが、走ることについての本は、走ることの構造をもたなければならない。さもないと、本を構成している思考が合わなくなり、意味をもたなくなるだろう。走るというのは、細分化していない行為である。どの動き、長距離走の一歩一歩、腕の一振り一振りもが、次の動きへと流れ入る。この本の思考もこれに似ている。思考はおたがいに流動的に混じり合い、恒常的ではなく、安定することもなく、常に変化し、走行が進むにつれてシフトしていく。

章立ては、ある点では名目上のものである。各章は走ること、わたしの人生やわたしと共に走った群との生活における、不連続なエピソードをめぐって構成されているが、これらの走りに息吹をあたえる思考はおたがいに流動しあっている。人生の観点からではないにしても、思考の観点からは、それぞれの章は前章が終わったところから始まっている。といっても、それぞれの章で書かれた走りには、何年もの時間的な隔たりがある。何マイルもの砂埃のかなた、何年ものかなたに置き去りにしたと思っていた考えが、新たに、そして微妙に形を変えてふたたび出現する。論理、これはまだあるけれど、道しるべが指す方向に走るようにと駆り立てる脚と腕ほどではない。

論理的な論述は、緻密な根拠づけをもって効果的かつ断固として結論を出すが、本書はそのようには展開しない。むしろ、ある結論に達するおおまかな方向を目ざして——しばしばのろのろと苦労しながら走った数々のランニングの途上で——あがいている人間の記録である。最後には結論に達したい。けれども、走る途上には多くの行き止まり、通り抜けできない道、袋小路がある。ときには、実際にはどこかに達する道すらも、それがどこにつながる道であるかがわかるまで、何度も何度も走りなおさなければならなかった。同じことのくりかえしのように見える箇所があるとすれば、お詫びする。実際のルートは、景観の点でも目的地の点でも、毎回、微妙に変わっている。そして、これこそがルートにまつわる重要な点の一つである。走りは常に、最後にはわたしたちを家《ホーム》に、つまり出発した場所に戻してくれる。それでも時には、わたしたちが十分遠くまで走れば、家は形を変えてしまっているかもしれない。本書の結末は本書の開始でもある。だが、本書が読者にうまく作用するなら、この開始点は決定的に違ったものになっているだろう。

ランニングは、自分の歴史をきり開く場なのではないか、と思うことがある。巨人たちの肩の上にしっかり立つ場、あるいはもっと適確に言えば、わたしよりも年長ですぐれた思想家たちの、概念上の後流《スリップストリーム》を走る場だ。読んだことがあっても忘れてしまったらしいこと、何年もの長い間、生活のささいな事どもや凡人の生活に埋もれてしまったことが、もう一度、意識の舞台上で気どって歩き、唇を突きだし、「なぜおまえはわたしを忘れたのか」と抗議を唱える場所だ。この舞台にこうしたことが出たり入ったりし、何も変えなかったりすべてを変えたりして、わたしがそこに口をはさむことはほとんどない。

走ることは回想の場だ。いちばん重要なのは、それが他者の思考を思い出す場所ではなくて、わたしがとうの昔には知っていたのに、成長の過程や何がしかの者になる過程で忘れざるを得なかった、何かを思い出す場だということだ。わたしは、自分がそれを知っていたということを知らなかったにもかかわらず、知っていた。そしてこの点で、わたしは他のすべての人と同じだった。走ることは回想の場所だ。わたしたちが走ることとの意味を見出すのは、この場所なのである。

1 スタートライン 二〇一一

これからどんなことが起こるのだろうか。その可能性はいくつかあるが、どれもがひどいものだ。夜明けにはまだ小一時間ある。夜のなごりに包まれて、わたしは二万人もの群衆のまっただ中、コーラル［スタート順に分けられたグループ用の囲い］Gの中に立っている。わたしのまわりにいるのは、アドレナリンが充満した七〇代ぐらいの人たちだ。これら古老の鍋や釜は、期待と興奮で吹きこぼれんばかりで、自分が走るタイムやスプリットタイムを事細かに予想している。わたしはそれほど楽観的な気分にはなれない。五〇年代に活躍したチェコの長距離ランナー、エミール・ザトペックはかつてこう言った。「走りたいのなら、一マイル［約一・六キロ］走ればいい。けれども、別の人生を体験したいのなら、マラソンを走れ」。わたしにはわからない。これまでマラソンを走ったことがないからだ。それでも、マラソンに向けてのトレーニングが、まさしく人生の全体的な輪郭をたどるようだったということには、感動を覚える。トレーニングの開始時は有望だったが、本質的には誤っていた。そしてその後、すべてが下り坂になった。このスタートラインからフィニッシュラインまでは約五万二〇

○○歩あるが、自分がその内の百歩以上も完走できるかどうかさえ、わからない。

すべてはとてもうまくいこうとしていた。事実、生まれてはじめてのマラソンのために、どれほど完璧に準備を整えたかについて、長たらしいコメントをしては、妻を退屈させた。これは、いまでもはっきり覚えている。実のところ、マラソンはそれほどむずかしくはない。たいていの人なら、精魂を込めればマラソンを走れる。だが、たいていの人は繊細すぎて、マラソンに精魂を込めたいとは思わない。すでに一週間に二○マイル、つまり毎回五マイルを週に四回走っている人なら、あと四ヶ月ぐらいで、最初のマラソンを走れるようになるだろう。実際、わたしがマラソンの準備を始めたときには、まだこれほどの距離すら走っていなかった。この準備の基礎はいわゆる長距離走と呼ばれるもので、ふつうは週末に行なわれるようだ。平日には、もっと短距離でスピードの速いランニングが行なわれる。わたしは一週間に三回、四マイルのショートランニングから始めた。ショートランニングは常に短めの距離でキープされる。わたしのトレーニングが最好調だったときは、週に六マイル、八マイル、六マイルのペースで走っていた。

マラソントレーニングにとって本当の決め手になるのは、長距離走である。長距離走では、走るペースを会話がつづけられるぐらいまで、つまり、だれかがそばにいたら会話ができる程度まで下げる。わたしは、最適な話し相手ではないがイヌのヒューゴーとだけ走る。わたしの場合、このペースは時速五マイル強である。このペースを多少ともコンスタントに維持すると、だんだんに距離を長くすることができる。毎週一マイルずつ延長していくのだ。わたしのトレーニング計画の最初の、そしていささか不名誉な長距離走は、悲惨な六マイル走だった。弁解がましくなるが、これは九月のマイアミでのことだった。気温は三五度前後だったが、高湿度のためにこれよりも五度ぐらい高く感じられた。

高温・高湿の中で走ったことがない人は、この状況で走るのが通常よりもはるかに難しいことに、ショックを受ける。わたしはショックを受けた。心臓と肺は、この条件の中で冷静さを保つためだけにも、ふだんよりも激しく働かなければならない。時々、自分が疾走し終えたばかりのときのように空気を吸い込んでいることに、気がついた。それでも、距離をゆっくりと延ばしていった。一週間につき一マイルの割合で足したり、引いたりした。簡単そうに聞こえるかもしれないが、実際にはそう簡単ではなかった。毎週、加算された最後の一マイルを走るのは辛かった。この一マイルを、できるときには走り、できないときにはしょうがなしに歩いた。重要なのは、足を使いつづけ、前進させることだけだったからだ。二〇一〇年一二月はじめ、わたしの長距離走は最高二〇マイルになった。わたしのようなマラソン初心者にとっては、長距離走が二〇マイルを超えることは実際にはない。わたしには準備ができたのだ。

レースまでにはまだ二ヶ月あった。それで、こういう状況でいつもしていることを今回もやってしまった。自分で立てた基本原則を破ったのだ。このレースを走ると最初に決めたときには、タイムのことなど考えもしないと自分自身にはっきり言い聞かせていた。これはわたしにとって最初のマラソンなのだから、目標はただ一つ、死なずに二六・二マイルをなんとか走り抜くことなのだと。「マーク、お前が何をしようと、俺はお前に言っておく。これだけに集中しろ。お前はもう若くはない。五〇の大台にのるまで二年もないではないか。お前の目標は完走だけだ。それ以外のことにとらわれるな」と自分をいましめた。

ところが、一二月に入る頃には、二〇マイルを苦もなく走れるようになっていた。それで、わたしは考えはじめた。レースの前にこの長距離をまだ五、六回は走る余裕がありそうだ。トレーニングの最後の二、三週間にテーパリング［ランニング量を落とす調整方法］を見込んでも、これはできそうだ。本当にタイム短縮に取り組めるのではないか。このレースでただ走るだけでなく、かなりのタイムも達成できるのではないか。四時間とはいかないまでも、四時間半なら確実にいける、四時間一五分だって不可能ではないかもしれない。このようにして、最良の悲劇の多くでくりかえし登場するテーマのように、この身の程知らずの野心がわたしを倒すことになった。もっと短時間でもっと長い距離を走れ、と自らの体に要求しはじめたとき、体がさじを投げたのである。

ふくらはぎが重度二の肉離れ［重度二は筋肉の断裂を伴うが、ここでは、広義の肉離れか］を起こすと、脚の後ろを棒でガシッと強く打たれたような感じがする。わたしにはこれが何だかすぐにわかった。ひと昔まえの一九九〇年代の中頃にも、重度二の肉離れを経験したので、思い出したらしい。この種の肉離れのリハビリには、わたしの年齢の人間では六週間以上かかるのがふつうだ。患者にまったく忍耐力がないと（わたしはとても忍耐力のない人間だ）、リハビリ期間は相応に長くなる。今回の肉離れには、すくなくとも最初の頃は、ふだんの守りの姿勢以上の努力をもって対処した。リハビリを実行し、瘢痕組織に対処し、理学療法士が指示する運動練習をすべて実行した。それなのに、まさに回復しかかった頃に忍耐のすべてを失い、走ってしまった。そして、走り出して数百メートル進んだところで、ふくらはぎの筋肉はふたたび損傷し、振り出しに戻ってしまった。このようなことを数回くりかえした挙げ句、やっと最後は何もせずに完全休息して治した。肉離れが起こったのは二〇一〇年一二月だった。そして今日は二〇一一年一月三〇日だ。

わたしはいま、マイアミマラソンのスタートラインに立っている。生まれてはじめてのマラソンという、わたしにとっては重要な出来事なのに、今日までの二ヶ月間は走ることができなかったのだ。

だから、わたしはいささか「生煮え」とも言うべき状態だった。これでも手柔らかな表現もしれない。金曜日のランチタイムまでは、もし走るつもりかと聞かれたら、「ノー」と答えたか、このテーマについてもっと力を込めて答えただろう。しかも、その時はこれが正直に近い心情だったと思う。これこそが、他人とのやりとりだけでなく、もっと重要なことに、自分の心の理性的な部分とのやりとりで、わたしが使った公式な立場だったのだ。

しかし、わたしの心の中には、小さくて卑怯で非理性的であるくせに、とてつもなく影響力のある部分があった。この部分は常に知っていた。自分がこのレースのスタートラインに立とうとしていることを。だから、金曜日の午後、レース用の道具一式を取りにマイアミビーチ・コンベンション・センターへと車を走らせている自分に気がついても、すっかり驚いたわけではない。それでも、自分の中の理性的な部分と折り合いをつけなければならなかった。「ただ選択肢を残しておくためだけだ」とわたしは自分に言った。わたしの理性的な自己は、「もちろん、お前がカーフ・スリーブ〔高機能タイツ〕を買ったのもそのためだし、センターで出会ったどのランナーにも、トレーニング不足の状態でどうマラソンランニングにアプローチすべきかを訊いたのも、そのためだったんだよな？」と答えた。わたしの理性的な部分は、時としてちょっとした嫌みを言う。それなのにわたしは、反対証拠がたっぷりあるにもかかわらず、今朝四時に電車にのろのろと乗りこんだときにもまだ、「選択肢を残しておくだけ」路線をとうとうとまくしたてていたと思う。しかし、いまはもう、選択の時間は終わったようだ。自分の理性的な部分にもっと耳を貸すべきだったのかもしれない。これはまさに予防できたことだったのだ。

ここ数週間の出来事を考えると、もっともあり得そうなシナリオは、ふくらはぎの筋肉がすぐにまた壊れて、マッカーサー・コーズウェイまでも走れないという可能性だ。そうなれば、いささか恥ずかしいことになる。自分のみじめな失敗を、そばを走りすぎていく何千人もの人にさらすのだから。けれども、そうならないとしたら、どうだろう。ふくらはぎが壊れなかったとしたら。その場合、問題はこうなる。わたしが、もう止めたいと願うようになるまでに、どれだけの時間がかかるだろうか。そのときの自分がどんな状態にあるのか、はっきりはわからないが、良い状態ではなさそうだ。そもそも、自分はどこまで行けるのだろう。ハーフマラソンの表示地点まで行って、そこでお開きにすることもできる。でも、そもそも半分の距離すら達成できるだろうか。それはどれほど辛いことだろうか。

さらには、時間の問題もある。たとえ、コースを完走することができるとしても、どれだけの時間がかかるだろう。これはプライドとは関係がない。いや、正直に言えば、プライドともいくらか関係するとも思うが、虚栄心は別として、マイアミマラソンで絶対にしたくないのは、自分の貴重な時間をこれにかけるということなのだ。たいていのシティーマラソン同様、通行止めされていた道路は順次、ふたたび開通する。できることなら、この開通開始場所よりも先を走っていたい。六時間後には、すべての道路はふたたび開通する。レースを完走するために自動車の間や周囲を縫うように走るのは、屈辱的なだけでなく、まったくもって危険である。わたしはかつて、ドライバーが明らかに狂っているとしか思えない国々にいたことがある。すぐに思い浮かぶのはギリシャとフランスだ。それでも、これらの国では自動車に関する精神異常とも思える現象は、多少とも予想可能である。しばらくその国にいれば、どのような状況でどのような無意味な駒の進め方が起こるか、多少とも予測できる。やがて、すべてはうんざりするほど日常的に思えてくる。けれども、マイアミの道路に関しては、予測可能なものは何もない。マイアミには言うに値するような公共交通機関はない。市の高架モノレールは、作家のデイヴ・バリーがかつて書いたように、平均的なマイアミ人の生活においては、たまにちらっと目の隅に流星を見かけるほどの意義しかない。マイアミでは、だれもが車を走らせているのだ。だから、少年レーサーから、酒盛りしてきたビジネスマン、薬づけになった百歳代の人まで、時には、酒盛りをしてきた薬づけの百歳代ボーイレーサーすらもが車を走らせる。どこの交差点でも、何が起ころうとしているのか本当にはわかっている人はいない。それに、かなりのドライバーが武装しているので――とくに薬づけの百歳代はいささか「重装備で」ドライブするのが好きなようだ――かれらに抗議するのは危険なゲームである。

昨日、ランニングの「リサーチ」をしていたとき、ユーチューブ（YouTube）で去年のレースのヴィデオ記録を見つけた。遺憾なことに、タイトルはかなり正確で、「卑劣なマイアミドライバーたちが、マラソン走者に警笛をブーブー鳴らす」とあった。このように、考えられる可能性は、すぐにふくらはぎが壊れて屈辱的な目にあうか、長時間、痛みをこらえて走るか、交通手段による死亡ということになる。選択肢は、失望か痛みか死なのだ。ザトペックの言ったことは的をついているようだ。これはひどいことになるに違いない。刺すような痛みを覚える。ここしばらくの間、感じたことのない感覚だ。これは恐怖だろうか。それだといささか大げさで、神経質になっていると言った方がいいだろう。しかも、この気分はまったく不快というわけではない。

わたしはなぜ、こんなことをするのだろう。この問いに答えるのは簡単ではないし、他人にこう質問されて、答えようとしないのも簡単ではない。決まり文句に頼れるなら、楽だ。「楽しいから」と言えばよいのだから。ある意味で、わたしはトレーニングを楽しんだ（トレーニングがつづいていた間は）。それに、レース直前の、このような戦慄におののく数分間も楽しんでいる。自分が手に余ることに手を出したかもしれない、という感覚も楽しんでいる。何が次に起こるかわからない、という不確実性を楽しんでいる。「楽しむ」という言葉の意味によっては、次に起ころうとしていることを楽しむことすらあるかもしれない。この「楽しみ」という答えには、何がしかの真実が含まれているのかもしれない。だが、このわずかな真実はとくに啓発的なわけではない。理解を進めるような類いの真実ではなく、さらなる質問を誘うだけである。なぜ、これらの事どもを楽しむのかという質問だ。

そこで、わたしはさらにつけ加えることもできる。もうすぐ五〇歳になろうとしているから、いまこそしなければ、たぶん一生しないで終わるだろうからと。それに、一生を通じて一度もマラソンで走ったことがないなどというのは、恥ずべきことなのだと。これが理由の一部であるのはたしかだ。それでも、これでは陳腐な答えでしかなく、最初の答えと同じ類いの反論を受けやすい。結局のところ、なぜわたしは、一生で一度もマラソンを走らなかったことを恥ずかしがらなければならないのか、というわけだ。真の理由を特定するのは、はるかに難しいのではないかと思う。ましてや説明するのはもっと難しい。けれども、社会学的な事実として興味深いことに、（a）多くの人はわたしの理由が何であるかについて意見があるらしく、しかも、（b）こうした意見の内容はこれらの人々がどこに、とくに大西洋のどちら側に住むかで変わってくる。

走ることについては、そして、その延長としてマラソンを走ることについては、はっきりとしたアメリカ的な考え方があるように思われる。ランニングについてアメリカ人が書いた本は必ずと言っていいほど、一定のはっきり認識できるテーマをめぐっている。こう言うからといって、けなしているわけではまったくない。かなり多くのこうした本をわたしは読んだ。ディーン・カルナゼスの示唆に富む『ウルトラマラソン・マン』、クリストファー・マクドガルの驚異的な『走るために生まれて』、ベルント・ハインリッヒ（彼は一生のほとんどをアメリカ合衆国に暮らしたので、名誉あるアメリカ人とみなせるだろう）の魅力的な『なぜわたしたちは走るのか』ほか多数を読んだ。だが、これらの十分に賞賛に値する本ですら、共通するテーマははっきりしている。そしてこれこそが、これらの本を典型的にアメリカ的なものにしているのだ。

テーマの一つは、屈することのないパイオニア楽観主義である。君は偉大なことができる。だれもがこの能力をもっている。毎日、君は前日よりも向上できる。君が精魂をこめれば、君の能力の限界を越えるものなどない。こうした類いの楽観主義はもちろん、アメリカ人の生活の偏在的《セミ・ユビキタス》なマントラだ。

わたしはこの信条が好きだし、アメリカ国民に広く見られるこうした宣言を感動的で誠実だと思う。ただし、一つだけ問題がある。わたしは、これが真実ではないと、ほとんど確信しているのだ。たいていのことは、たいていの人の能力の限界の外にあると思うからだ。人生に関して、くつがえすことのできない真実の一つは、わたしたちは衰えていく、ということだ。君は偉大なことをなし遂げられるかもしれない。君はまだできるかもしれない。言語に絶する過酷なウルトラ・マラソン、たとえばバッドウオーター、リードヴィル、サハラマラソンなどで完走できるかもしれない。でも、君の能力が衰えることを、わたしは知っている。君が偉大なことをなし遂げられるとしても、その後に、もはやそうできなくなる時がやってくるのだ。

アメリカ人に共通するテーマのもう一つは、信仰の強調である。あなたが走る途中で直面する、避けられない暗い時間を、信仰が切り抜けさせてくれるというわけだ。言うまでもなく、信仰はアメリカ人の生活の礎石である。信仰がわたしたちを強くし、信仰をもつときにわたしたちは最上なのだとされる。けれども、心に翳りがあるヨーロッパ人で、スタートラインに立つ人々の間にこっそり隠れているわたしには、これとは逆に、わたしたちは信仰を失ったときにこそ最上なのだと思える。実際これは、わたしの前著『哲学者とオオカミ』の主要なメッセージだったとも言える。信仰の喪失はまさしく、強く成長するための機会である。つまるところ、何らかの価値がある人生にわたしたちが向けることのできる唯一の態度は、反抗心なのだと思う。もちろん、これが最終的な結末を違ったものにするわけではない。わたしたちが何をしようと、最後にはひどい形で終わるのだから。そうでなければ、わたしたちの反抗はもちろん、とてつもなく見当違いになるだろう。『哲学者とオオカミ』がヨーロッパやその他の国々でよく売れたのにくらべて、アメリカ版の売れ行きは、公平に言って「のろのろ」だった——この言葉は、今日のレースでわたしが成しとげるどんな進捗にも、ほぼ確実に当てはまるだろう。わたしはこのレースを完走できるとは信じていないし、かなりの距離まで走れるとすら信じられない。そして、この点こそがわたしにとっては魅力の一部なのだ。信仰であれ、他の媒体によるものであれ、自分が成功するとわかっていることや、信じていることをわざわざトライすることに何の意味があるだろう。実際、完走できる望みはないのではないかという不信感こそが、今日のわたしにとっては大きな魅力の一つなのではないかと思う。

もう一つ、ランニングについてのアメリカの本に共通するのは、働くことのポジティブな価値を強調している点だ。この考え方は、二つの異なる脈絡に区別できる。一部の著者は、労働は本来的に高尚だと考えているようだ。別の著者たちは労働の価値を、労働によってつかむことのできる夢とむすびつけている（先述の「楽観主義」の脈絡を見よ）。しかし、わたしの暗いヨーロッパ精神は言う。労働は本来的に高尚なわけではまったくないと。働かなくてもいいのに働くのは、高尚というよりも馬鹿げているのだ。それに、ハードワークと夢の実現の間になんらかの信頼のおける関係があるという証拠はない。労働からは何も良いものは生まれないのだと、わたしは自分に言う。ランニングは最高の状態では、そして最高の価値においては、遊びであって労働ではない。これは、わたしがランニングを通じて実際に学んだことの一つである。

楽観主義、信仰、労働。これらの一つもわたしは欲しくはない。明らかにわたしは信仰心のない悲観主義者で、ハードワークは価値がないと思っている人間らしい。アメリカがわたしにグリーンカードをくれたのは、いささか驚くべきことである。

わたしがこのマラソンを走るのは、信じる気持ちを失ったからだ。これは真実への道の一歩なのだろうか。歯の抜けたアルツハイマーのワニが、すでに自分の頭に帽子がのっているのに、帽子を探している様子を想像してほしい。これは弟が一九九三年に父へ贈った、「今週の化石」バースデーカードである。無礼で、しかもなるべく残酷なバースデーカードを贈り合うという、家族の伝統を神格化したものらしい。わたしたちは時間をかけ、労苦と工夫を惜しまずに、ぴったりくるカードを探す。大切なのは、カードに込められた思考である。

この伝統へのわたしの貢献で、たぶん一番手応えがあったのは、二〇〇七年に弟の四〇歳の誕生日に贈ったカードだろう。カードには、キャンプをしているボーイスカウトのグループが描かれている。一人の少年が怖いお話をしており、彼の顔はよくあるように、顎の下に押しつけられたトーチで照らされている。話を聞く少年たちの顔には恐怖と、信じられない話を聞いたときの驚愕があらわれている。少年が語る台詞は、わたしたちが心の内では知っている話の断片、「そして、君の鼻や耳から毛が生えはじめる！」である。カードのメッセージには「ホラーストーリーには真実のものもある」と書かれている。

四八歳の誕生日の数日前、つまり、マラソンのこのスタートラインに立つ数ヶ月前、わたしは貴重な反撃をくらった。二匹のコウモリが逆さまにぶら下がっている（これがカードの卓越した視覚的な事実だ）。片方のコウモリがもう一匹に言う。

「歳をとることで、俺が一番こわいと思うのが何だかわかるかい？」

「わからない。何なの？」

「失禁だよ」

宗教の機能は、嘘をばらまくことでわたしたちの気分を良くしてくれることである。哲学の機能、そして丹念に言葉を選んだバースデーカードは、真実を話すことでわたしたちの気分を悪くすることである。そしてても真実とはもちろん、わたしたちは衰える一方だということだ。

このカードがわたしを目ざして大西洋上空を飛んでいるころ、わたしはホームドクターに尋ねていた。「なんですって？ 痛風ですと？」

その一週間ぐらい前、夜中に仕事をしていて、左足の親指が硬直しているのに気がついた。翌朝には歩くと指が痛んだ。その後、痛みはますます強まった。数日後には足全体が腫れあがり、痛くて靴がはけなくなった。わたしは裸足の足を引きずって、診療所に診てもらいに行った。わたしの質問は単純なものだったが、それに対する答えは見かけによらず示唆的だった。言葉自体よりも、それが意味していることにおいて。

「さてと、これは痛風のようですね。血液検査で尿酸レベルを調べるまでは、はっきりしたことはわかりませんが」

「痛風なはずはないですよ。痛風というのは、歳をとった肥り過ぎの人がかかるのでしょうが」

「まあね。肥満や高血圧は痛風にかかりやすくしますが、これが必要条件というわけでもありませんよ」

「でも、痛風なんて！　それはヘンリー八世ですよ。ガチョウのモモを食べて何ガロンものワインを飲んだりする食生活。わたしはベジタリアンですよ」

「そう、それはそうです。肉や魚のようにプリン体をたくさん含むものを食べると、痛風にかかりやすくなります。あなたがベジタリアンというのはおもしろいですな。アルコールはたくさん飲まれますか？」

「わたしが？　アルコールをたくさん？　ええ……まあ、クリスマスの時期にはドライシェリーを少々たしなみます。あのね、わたしは物書きです。だから契約上、飲む義務があるようなものです。正直に言います。人格形成期にはたっぷり飲みましたよ。でも、もう飲みません。息子たちが生まれてからはね。あの子たちは容赦がなくて、わたしがぼーっとした頭の状態で目を覚ますと、わたしの弱みを嗅ぎつけます。サメが血の匂いを嗅ぎつけるように。そうなると、長い長い一日になります。だから、飲むのは割に合わないのです。息子たちが床についてから、ディナーといっしょにワインをグラスに一杯か二杯飲む程度で、それで終わりです。たまに三杯、たまに一杯という具合で、三杯以上飲むことはないのです」

「あー、嫌悪療法というやつですね、おもしろい。それを毎晩なさるのですか?」

「ええ……まあほとんど毎晩。外出とかがなければ。外出すると車を運転しなければならないので、もちろん飲みません。だけど、外出することはあまりないです」

「アルコール消費は痛風とほとんどいつも関係していますよ」

「それなら、飲むのをやめなければいけませんか?」

「いやいや、そんなに徹底しなくても。それでも、一晩や二晩、ときどきは飲まないようにして、腎臓を休ませてあげてください」

「わかりました。そのぐらいなら無理じゃないと思いますよ、先生。でも、痛風だと思いますか?」

「そうですね。何か別のものかもしれません。この指は前にも痛めたことがありますか? 骨折とか脱臼とか」

「そう言えば、思い出しましたが、何年か前、空手をしていた時期に脱臼したことがあります」

「ああ、それはまずいですな。関節にダメージがあるのなら、骨関節炎の可能性もあります。これには罹《かか》りたくないでしょう。とてもやっかいですから。痛風の方がずっと扱いやすいです。もう一つの可能性は、疲労骨折です。走るとおっしゃってましたね?」

「ええ、でも最近はそれほど走ってはいません。一週間に四〇マイル走ったり、二〇マイルの長距離走とかをやっていた時期もありましたけど。でも、そういう時代は終わりました。というか、少なくともマイアミではね。ここで走るのは嫌なんです。暑すぎるし、湿度が高すぎるし、平坦すぎるし、しょっちゅう蚊の大群に襲われるしで。それでも、経験をたくさん積まなければならない若いイヌを飼っているので、たいていの日は、数マイル走ります。といっても、激しいランニングではありません。マラソンのようなものは走りません」

「疲労骨折の可能性は少ないと思います。これはとてもやっかいで、治すのが難しいんです。でも、これではないでしょう。ふつう、疲労骨折にかかるのは二〇代の人ですし。それに、これはどう見ても痛風のようです。だから、関節にコーティゾンの注射をしましょう。これがやっつけてくれます」

「痛いですか？」

医者はニヤリとした。「ものすごく痛いですよ」

注射は本当に痛かった。だが、効き目があったのはたしかだ。コーティゾンはスゴイ奴なのだ。

ウィキペディアによると、痛風は尿酸の結晶が関節に付着して発症するそうだ。尿酸は尿に由来し、タンパク質の分解で生じる副産物である。腎臓が適切に機能しないと、尿が血液から十分すばやく排出されず、尿酸が結晶化する。それが関節にあつまる。足の親指の付け根関節は典型的だ。あつまった尿酸の結晶は免疫システムによって異物のように扱われる。そこから起こる攻撃が、痛風発作の原因となる。

しかし、痛風は重要ではない。わたしの全般的な衰退についての本の、この小さな章が真に露呈しているのは、痛風とされた仮定の背景である。わたしは、痛風がベスト・ケース・シナリオであるような、人生の段階に達したのだ。願わくば痛風であって欲しい、と思うような段階に達したという事実だ。家庭医の診療所で、人生の恐ろしい性質がもう一度、明るみに出されたのだ。まるで、わたしにその必要があったかのように。ある日は楽しみで二〇マイルを走り、次の日には痛風のために祈りつづける、というのが現実なのだ。

翌日、わたしは二〇一一年のＩＮＧマイアミマラソンに参加を申し込み、厳しいトレーニング体制《レジーム》に乗り出した。衰えつつある体に、だれがボスであるかを知らしめる新しいポリシーの一つだった。二、三ヶ月後、ふくらはぎが反抗していた時期に、血液検査の結果を受け取った。尿酸のレベルは正常だった。わたしの痛んだ足の指は痛風ではなかったらしい。実際、ヒューゴーを幸せにするためにつづけていたランニングが原因であった可能性の方が、ずっと大きい。こうして、わたしはランニングを原因とする問題に立ち向かうために、ランニングを増やしてしまったことになる。マラソンの世界へのエントリーは、この意味では非常に皮肉なものだった。

しかし、足の指はただの症状だ。その下にあるもっと包括的な衰えの表面を、そっと引っ掻いている程度のものだ。ホラーストーリーには真実なものもある。老いてからの自分に、嫌悪感を覚えない若者がいるだろうか。スタートは有望だった。突き抜くような、芽を吹くような活力に満ちた、華やかな数年。けれども、そうした年月は長くはつづかなかった。その後は肉体的にも知的にも、すべてが下り坂になった。生があり、死がある。人はふつう、そう考える。死は生命の終わりであって、生命の一部ではないと。ヴィトゲンシュタインがかつて言ったように、死は生の内にある出来事ではないのだと。わたしには、真実はもう少し入り組んでいるように思える。

まず、生と死を別個のこととして考えるのではなく、むしろこれらを、消滅の段階的なプロセスの面から考えたい。生は根本的には抹消のプロセスである。最初の二、三〇年は一見、有望には見えるが、本質的には陰険な年であることが明らかになる。これらの年月の後、じりじりと、かつての自分ではなくなっていく。死はこのプロセスの、有意義と認められる一点である。自分の消滅の後期の、そして非可逆的な段階である。それでも、抹消のプロセスはここで終わるわけではない。プロセスはわたしの破壊だけでは満足せず、わたしが残したあらゆる跡、わたしがここにいたことを示すあらゆる兆候が抹消されるまで、だらだらとつづく。だからわたしは、生と死という大まかな二分法で考えるのではなく、「衰え＋死＋消去＝消滅」という、大まかな三分法の見地から考えるのを好む。

逆に、死を、現在からは安全に遮断された未来の出来事とみなすのは誤りだろう。死は忍耐がなくて、カーテンがおろされるよりまえに、小さな姿をとって出てこようとする。出てくる頻度がだんだん増えて、正体をますます露わにする小さなカメオだ。卓越した、たぶんそのためにほとんど忘れ去られたハンガリーの現象学者、オーレル・コルナイは、あらゆる嫌悪の基礎は、生における死だと指摘している。わたしたちの衰えは実は死で、さまざまな形でわたしたちの上に這いあがり、用意しているもののさまざまな小さなプレビューをこっそり持ち込む。わたしの痛風らしくみえた足の指は、腫れ上がって腐敗した屍骸の付属物だ。二〇代の頃には引き締まっていた体は、いまや賞味期限を数日すぎたオレンジのようにブヨブヨとたるみつつある。体のあちこちから毛が生えてくる。生える意味がない、と思えるような体の箇所から生えてくる。熟れすぎのオレンジに住みついた日和見主義のカビのコロニー、といったところだ。このようにあれやこれやの形をとって、わたしの死はショーが終わるよりずっと前に、姿を現わしたがるのだ。

おそらく、これらの小さなカメオたちは、わたしに苦笑以外は何ももたらさないだろう。死にはユーモアのセンスがあるのだ、と自分に言い聞かせるよりほかない。ジュリアン・バーンズがかつて兵士だった人の話を書いている。生活に身をやつしたこの人は、かつて彼の将官だったジュリアス・シーザーに、自らの命を絶つ許しを乞うた。シーザーは答えた。「何をもって、おまえは自分がいま生きていると思うのか」と。シーザーもユーモアのセンスがあったが、良いユーモアではなかった。いささか粗野で、いささか未熟だったのは疑いもない。それでもいまや、わたしたちはみな、生物学的な生命の終わりよりも前に消えていく人、という観念を意識せざるを得ない。これはくりかえしわたしに起こる恐怖である。わたしは十分に生きた人の生の末期を見てきたので、そこで体現される恐怖と混乱のレベルがわかる。死への接近は、徐々に、そして累進的に家《ホーム》を失うということだ。死を間近にした祖母は介護ホームからわたしに、「わたしはただ家に帰りたいだけなのよ」と言ってきた。そしてわたしも、自分が何年か後には知らない人に向かって、いますぐ家に帰りたいと言っている姿が想像できる。けれども、この未来には家はない。やがて、わたしは家が何であるのかも思い出さなくなるだろう。

このように、わたしがこのマラソンで走るのはたぶん、いくつかのホラーストーリーが真実だからかもしれない。わたしの中の一部は、このような説明が好きだ。そこには心を安心させるような親近感、ノスタルジーすらもが伴うからだ。わたしは成人してからは、人生の多くをイギリスの外で暮らしてきた。それでも、いまだに十分にイギリス人なので、だれかの活動をとり上げて、それを中傷する方法を見つけるという、大昔からある伝統を認める。この場合、理想的にはその活動をする人の動機や性格に誹謗の的を当てる。この伝統は文化的な芸術の形式だと評価したい。たとえ、自分がその動機や性格を中傷される側の人物だとしても。こうしていま、自分がなぜこのマラソンで走るのか、わかった。「これはミドルエイジ・クライシスなのだよ、兄弟！」

そうだとしても、わたしはこの新しい趣味でひとりぼっちではまったくなくて、まさに急速に成長しつつある文化現象の一部である。自分の持久力の限界を試すことに取りつかれている四十代だ。この点では、わたしの努力などきまり悪いほど微弱である。マラソンなど忘れろ。五〇マイル、百マイルかそれ以上のフットレースといった、ウルトラマラソンのイベントがいたるところで芽を出している。

たぶん、もっとも過酷なマラソンはバッドウオーター・ウルトラマラソンだろう。これは一三五マイルのフットレースで、カリフォルニアの重要な部分を組み入れている。開始点はデス・ヴァレーの海抜マイナス八六メートル地点で、ゴールはそれより二五九二メートルも高いホイットニー・ポータル、つまり、カリフォルニア州で一番高い山、ホイットニー・マウンテンの登山口である。このレースの最初の部分では、気温が五四・四度にも達することがある。この温度の空気にパンを入れたら、トーストし始めるだろう。道路のタールマック舗装はあまりに熱くて、靴が溶けそうなので、道路の端の白線を走らなければならない。白は熱を反射するので、いくらか温度が低いからだ。次にサハラマラソンがある。六日かけてサハラ砂漠の一五一マイルを走るフットレースだ。ルートの途中であちこちにヘビがいるので、走者は抗毒素注射を携帯しなければならない。熱さに疲れたら、ハードロックがある。コロラド・ロッキーの海抜四二〇〇メートル以上のところを一〇〇マイル走る。ゆっくりだが困難なレースで、急な斜面をはい登ったりずり下りたりしなければならず、場所によっては高山病からくる高山脳浮腫のような医学的問題もある。完走する人の多くは、四八時間以上もかけて歩く。つまり、夜明けとともにスタートした場合には、走っている間に三回も日の出を見ることになる。そして、リードヴィル・レースがある。これもコロラド・ロッキーの海抜四二〇〇メートル付近を、一〇〇マイル走る。中心のリードヴィル市はアメリカ合衆国でもっとも海抜が高い都市である。このレースは完走率がハードロック・レースよりももっと低い。

わたしは認めなければならない。マラソンの虫にとりつかれていたのだと。これらのレースはどれも、わたしの能力を上回る怪物である。それでも、ふくらはぎの問題を克服できるなら、年の後半の、これらよりは楽な五〇マイル級のレースに、抜け目なく色目を送っているのだ。わたしたちはみな、ミドルエイジ・クライシスに苦しむ持久力フリークなのだろうか。少なくとも男性については風刺マンガが示唆したがるように、かつては不釣り合いに若い女性やスポーツカーを追いかけていたのが、いまではバッドウォーターやサハラマラソンになったのだろうか。

この解釈が正しいとすれば、ミドルエイジ・クライシスの定義を拡大して、もっと包括的で性に中立なものにすべきだと思う。この「クライシス」は男性だけのものではないからだ。男性と同じぐらい、多くの女性が持久力の虫にとりつかれている。この趣味では、男性とほぼ同じぐらいのフッティングを示すことができる。もちろん、ウサイン・ボルトと接戦できる女性はいないだろう。それでも、レースの距離が長くなれば、男性と女性のギャップはますます縮まる。アン・トレイソンは一〇〇マイルのウルトラで完全に勝つ。少なくとも過去においては勝った。女性にもミドルエイジ・クライシスがあるというのは本当だと思う。しかし、ここでの主要な問題は、「ミドルエイジ・クライシス」というレッテルですべてが説明できてしまう、と仮定してしまうことなのだ。

何かにレッテルをはるというのは、それについて考えるのが辛くなり始めたとたんに考えるのを止めるために、しばしばなされる行為である。わたしたちは、もっと深く掘り下げる必要がある。ミドルエイジ・クライシスとは何なのか。その本質は何なのか。とりわけ、ハードロック・レースやサハラマラソンタイプのミドルエイジ・クライシスは、古典的だが陳腐な、若い女性やらスポーツカーを求めるクライシスと関係があるのだろうか。おそらく、ここで主張される二つのクライシスには何らかの共通点はあるのだろう。それでも、それが何なのか正確に突き止められるまでは、「ミドルエイジ・クライシス」というレッテルには何の意味もない。

ミドルエイジ・クライシスについては、これを物事の成就という考え方と密接にむすびつける考え方がある。能力が衰えてきて、その結果、指が届いている範囲と、実際につかめるものとの差はますます広がるばかりで、最後には不可能になる運命にある。ミドルエイジ・クライシスは、これを悟ることから起こる。若い女性やらスポーツカーへの反応は、指が届いているものを実際につかむことができる若さの力を、奪回しようとする試みなのだとする考え方だ。

もちろん、わたしは自分自身についてしか言えない。だが、到達したものをつかむ力の奪回説、つまりランニングが達成だけをめぐっているという考えだけでは、納得できない。ランニングを通してわたしがすぐに学んだことの一つは、達成などというのは無用だということだ。わたしは人生のさまざまな段階で走ったが、そのほとんどは思い出すかぎり、何かの達成のためではなかった。さまざまな理由から、ただ走っただけなのだ。このレースへの参加によって、達成という要素も理由の一つになったのかもしれない。だが、そうだとしても、ここでの達成はことさらに自虐的な類いの要素だ。

このマラソンへのトレーニングを始めたころ、マイアミの残暑の中での六マイルで死にそうな思いをした。わたしはそろそろと距離を延ばしていった。長距離を走る日の前夜はほとんど眠れなかった。延ばした距離を走れるかどうかが知りたくて、道路に出たくてたまらなかったのだ。ところが、それを果たしてしまうと、直後の満足感はすぐに落ち着かない気分に変わってしまった。一二マイルか、オーケー、でも、来週は一三マイル走るぞ。距離を走ることを学ぶというのは、週ごとの目標を適切にたて——がんばれば達成できる目標をたて——それを実際に達成することにつきる。これは、辛い労働の報いとなる達成、アメリカ人の夢を織りなす糸のようだ。けれども、他人はいざ知らず、わたしにとっては、これは特別な類いの労働‐達成サイクルである。あらゆる労働‐達成サイクルの無益さを示す労働‐達成サイクルだ。距離を走るというのは、目標を達成したとたんに破綻してしまうような、目標の達成である。

あなたが小さな子どもで、一銭の金もなく、菓子屋を外からのぞいていると想像してみよう。自分が買うことのできない、いろいろなお菓子を見つめている。すると、神様があなたのそばに来て、こう言う。

「君がこの店にあるもの全部を買える日がいつかくる」

「本当、神様？」

「もちろん。それに、君が買えるようになると、君はもうそれ以上は欲しくはなくなるだろう。それが人生というものなんだよ」

どれほど価値あることを達成しても、それが達成されてしまうと、その達成があなたを変えてしまい、達成されたことはもはや重要ではなくなるのだと思う。なんらかの奇跡によって、わたしがこのマラソンを本当に完走したら、サウス・ビーチで遅いブランチ（またの名をバケツ一杯のカクテル《モヒート》）で祝うだろう。それでも、夕食の頃までには、当初の満足感にかわって落ち着かない気分が支配していることは請け合う。最初に思うことは、こうだろう。「そう、結局のところ自分はやってのけたし、しかも、トレーニング体制がかなり短縮された結果ですらこうなのだから、マラソンは簡単なのかもしれない」。それから、キー100のことを考え始めるだろう。これは五月に開催される、キーラルゴからキーウエストまでのウルトラマラソン（五〇マイルまたは一〇〇マイルを選べる）だ。その後は、二〇一一年後半から二〇一二年に計画されている、全体としてさらに挑戦的なマラソンについて考え始めるだろう。

けれども、こうすることとの目標は事の達成ではない。達成だと考えてしまうと、すべてを誤解することになる。わたしはたくさんのレースの完走認定書を壁に掛けたいわけではないし、他人に「このレースで走った」「これも走った」と、それを示すメダルやベルト・バックルが欲しいわけでもない。では、自分がレースを完走したという満足感だろうか。いや、これすらも欲しくない。少なくともわたしにとっては、達成というのは、達成をもう重要ではなくするためのプロセスでしかない。何かを達成するために走るのではなく、この意味では何かを獲得するためでもなく、達成のプロセスによって、自分が変わるためである。もちろん、物事の達成のプロセスによって変わるためには、まずは物事を達成しなければならない。それでも、物事の達成は究極的には単なる手段でしかない。自分が変わりたいために、わたしは走るのだ。そうなるともちろん、「では、どのようにして？」という疑問が出てくる。

ミドルエイジ・クライシスについては、若さの自由をとり戻そうとしているのだ、という考え方もある。これは部分的には正しいと思うが、少なくとも一つの重大な点で誤っている。長距離を走ることが自由と関係しているのはたしかだと思うが、これは若さの自由とは別の自由である。伝統的なミドルエイジ・クライシスも、耐久力にもとづく別のそれも、それぞれに独自の形で自由に関係している。それでも、これらが異なる場合——実際にこれらはかなり異なる——には、自由とは何かという概念はまったく異なるのである。

わたしが若い頃にした高スピードのスポーツ、すなわちラグビー、クリケット、ボクシング、テニスでは、体と心の区別がほとんどつかなくなる。ボールのミサイルや、手や、人間の全身が、悪さをしようとこちら目がけて飛んでくるような状況で、全力をつくそうとすると、心と体の区別はなくなる。あの頃、これらのスポーツのさ中にあって、わたしは生かされた身体だった。なし終えるまでは、自分が何かをしているのだ、ということを知らないこともあった。自分としては最高のクリケットショットを打ったときのことを覚えている。わたしはブリストルで、ランスダウン・クリケット・クラブの速球ボウラーと直面していた。ボウラーはレッグサイド〔内角側〕に投げたように見えた。わたしは足を閉じ、球を脚から離れてファイン・レッグ・エリア〔バッツマンから見て左後方のエリア〕の方に打ち飛ばそうと思った。だが、球はフルトスで来て、最後にオフサイド〔バッツマンの後方のエリア〕へとカーブした。わたしは射撃を開始した。先行する足で前進したか、後続の足で後退したかもわからないまま、球を直撃した。球は弾丸のようにミッドオンの境界線へと飛んだ。これは、わたしが成功した唯一の完璧なオン・ドライヴだったのではないかと思う。クリケットの本では、一番むずかしいとされるショットだ。そして、これは多少とも偶然だった。すべてが終わるまで、自分が何をしているのか、まったくわからなかったのだから。あの瞬間には、わたし自身とわたしがしたこととの間には区別がなかった、わたしは行為に体現された心だったのだ。

一七世紀のオランダの哲学者、バールーフ・デ・スピノザによると、自由というのは、必要に応じて行動する自由だという。似たような意味合いで、道教《タオ》は自由を無為、つまり行動せずに行動することと結びつけている。高スピードのスポーツでは、「ゾーン内に」いると、行動せずに行動する。そこでなすことは、状況が要求していることとぴったり合う。動きが必要性に対応していて、なすべきことがなされるのだ。わたしが一五歳のときにプレイしたほとんど偶然のショットは、これまでクリケットのピッチに立った中でもっとも自由なそれだった。スピノザの言うことが正しいのなら、自分があの瞬間以上に自由であったことはないだろう。

古典的なミドルエイジ・クライシスは自由にまつわるものだが、特定の自由ではない。これがおとなとしての人生にまつわる不安からの逃避、ゆっくりと臼でひかれて粉塵になっていく人生からの逃避であるのはたしかだ。それでも、この逃避がとる形は、若者の自由を複製しようとする。すべてが若さをめぐっている。若い女性という形をとったり、スポーカーという形でのスピードだったりと。この自由は老齢から逃走しようとする。若さの高スピードの自由——悪さをしようとこちら目がけて飛んでくる生命の自由——を再現しようとする。これはスピノザの言う自由、必要性に合わせて行動することからくる自由だ。長距離を走ることに体現される自由は、これとはたいへん異なる。これはスピノザの言う自由ではないし、若さの自由でもない。

スピノザの自由は心と体の区別をなしくずしにする。実際、スピノザは心と体は単に、同一のものの二つの面だと考えていた。しかし、長距離を走ることの自由においては、心と体の区別は、消されるよりもむしろ拡大される傾向がある。少なくともわたしにとっては、これは常に同じように始まる。このレースのためにトレーニングをしていたとき、初期の長距離走はオールド・カトラー・ロードのSW一五二番ストリート角からSW一〇四番ストリート角までだった。一二〇番ストリートに到達するまでに、わたしは自分自身とちょっとした会話をしていた。「一〇四番ストリートの角までは僕に走らせてくれ。そこまで行ったら、君はしばらく歩いてもいいから」と。けれども、ここでの「僕」

と「君」はだれ、または何なのだろう。だれがだれに許可を与えているのだろう。苦しんでいるのはわたしの体であって、心ではない。心は時折ちょっとした勇気づけをくれたり、ちょっとした元気なおしゃべりを提供したりするかもしれないが、基本的には一〇四番ストリートの角まで到達したいのはわたしの体であって、心ではない。たしかに、まるでわたしの心が体に許可を与えているように見える。でも、わたしの心が体と区別されていなかったら、どのようにしてこれは可能だろうか。一七世紀の哲学者・数学者で「近代哲学の祖」といわれるルネ・デカルトに、その道を進ませたのも、この点での直感だった。

デカルトによると、目的のために脳と一体となる肉体は物理的実体であって、他の物理的実体とは組織の詳細でのみ異なるだけだという。一方、心――魂、精神、自己でもよく、デカルトはこれらが互換可能だとおおらかに考えていた――は、これとはまったく異なる。心は物理的なものではなく、体とは異なる物質で構成されており、物理的なものとは異なる法則や機能の原則にしたがっているというのだ。その結果でてきた観念、デカルトの二元論は、一人の人間を二つのまったく異なったもの、すなわち物理学的な体と非物理的な心の混合物《アマルガム》とみなすのである。

心に関するデカルトの見解が正しいということはほとんどあり得ない。それでも、長距離走でもっとも明白に知覚される自由は、スピノザよりもデカルトが描いたような自由である。ここでは、弱いのは肉体だ。長距離走で距離を延ばすための決め手は、心が体に嘘をつき、納得させる能力である。一〇四番ストリートの角まで行ったら、わたしたちはさらに続行しなければならない。まだ自分の体が、わたしが設定した一定のペースで片足の前にもう一方の片足を踏み出しているか、確認しなければならない。ランニングの成功の精神はときに、必然的にいつわりの精神である。自己欺瞞は持久力の核心をなすのだ。

これ以外にも、ランニングの自由はたくさんある。このデカルトの位相《フェイズ》（phase）、人が自分の体に嘘をつき、体との区別を示しているように見える——おそらくは間違って——段階は、自由の最初の位相、最初の顔《フェイス》（face）にすぎない。これ以外にもヴェールをとるべき、もっとはるかに興味深い顔がある。この顔は、今日も再会するはずの旧知の友で、わたしが十分長く持ちこたえると思っている。しかし、心と体の関係についてのデカルトのより寛大な見方を支持したいと思わなければ、若さの自由が体と心の差を消し去る一方で、長距離を走ることの自由はこの差を強調するというのは、いまだに正しいようだ。スピノザの自由は若さの自由だ。ではデカルトの自由は何なのだろう。これはどう特徴づけられるのだろう。古代ローマの哲学者キケロは、哲学者であるということは、いかにして死ぬべきかを学ぶことだ、と言った。キケロは、デカルトと大まかにはおなじような意味で二元主義者だった。心または精神は非物理学的な物質で、身体が死んでも生きるという。キケロによれば、哲学者はいかに死ぬべきかを知っている人間、つまり心、死後も生きるとキケロが考えた部分とともに、どう時間を過ごすべきかを知っている人間であるという。

長距離ランナーは、心が死後も生きようと、生きまいと（こちらの方が公算が高い）、心とどう時間を過ごすべきか知っている。長距離を走るというのは、老齢から逃げるのではなく、老齢に向かって走るということだ。クライシスなどではなく、人生で到達した地点を受け入れるのだ。こうして、長距離を走ることの自由は年齢のもつ自由のように思える。若さの自由をとり戻そうとするわけではなく、長距離ランニングの自由には、おそらくはじめて、これまでとはまったく違った種類の自由の主張がともなうのである。

わたしはまだコーラルGの中にいる。地元の政治家らしき人たちが、いささか聞き取りにくいスピーカーを通して演説をしている。「皆さんはこのために何ヶ月もトレーニングをしてこられました。ランチをあきらめ、ディナーをあきらめ、ミーティングをあきらめ……」あーあ、わたしもそうしていれば良かった。いまは、準備が足りないことへの不安から気をそらしつづける。ミドルエイジ・クライシスの本質についてさらに反すうし、自分が走る理由を解明するのに必要なことを考える。長距離を走ることに体現される自由のタイプがあると思うが、これは若さに体現される種類の自由ではない。いずれにしろ、若かった頃の自分には体現されはしなかった。だから、若さの自由をとり戻すという問題ではほとんどあり得ない。それでもなお、とり戻すという考え方には、正しくて重要な何かがあると思えてならない。長距離を走るというのは、若かった頃の自分から何かをとり戻そうとすることに関係するのではないか、と疑えてきたのだ。しかし、そこでとり戻されるのは若さではなく、かつての自分が知っていたことなのだと思うにいたった。その転換が何であるかを、わたしはずっと突き止めようとしてきたのだ。

昔むかし、わたしは何かを知っていた。その後、成長する過程で忘れてしまった何かである。ただ忘れたわけではなく、忘れなければいけなかった何か。忘れるというのは、何者かになるという偉大なゲームの一部だったからだ。わたしは価値を知っていた。もちろん、自分がそれを知っていたということを知りはしなかった。それでも、わたしはそれを知っていたはずだ。何者かになるというゲームにとらわれていたので、最初は自分がこの忘却で何を失ったのか、わからなかったのだ。それでも、ゆっくりとこの喪失を感じるようになり、やがて味わうようになった。骨がうずき、それから血が酸っぱくなった。長い距離を走ると、かつて自分が知っていたことへと戻されるのである。

哲学者ではない人のほとんどは、哲学者のほとんどが、大半の時間を人生の意味について考えることに費やしていると思っている。だが、これこそが哲学者がしないこと、あるいはもはやしなくなったことである。この点は、過去三〇〇年の哲学の発展を特徴づけてきた、歴史的皮肉の例の一つである。哲学者の中には、落ち着いたひと時にそうする人がいるかもしれないが、自分自身の人生についてだけにしておく傾向がある。人生の意味というのは、もっと単純な時代のものである。わたしたちは、これをすっかり超えたところに移ってしまった。いまやわたしたち哲学者は、哲学の広範囲な予備訓練をしなかった人には理解できないようなことを語ることで、時間を費やしている。言い換えれば、哲学はプロフェッショナルになったのだ。これは、一般大衆を中に入れないための一つの方法である。ジュリアン・バーンズがかつて指摘したように、自分自身の人生についてとなると、わたしたちのだれもがアマチュアである。そのため、人生の意味についての疑問には、哲学者たちが円熟した学問分野で示してきたプロフェッショナリズムが欠けるような感がある。わたしは、これらの考え方のどれにも賛成しているわけではなく、ただ記録しているだけである。ありがたいことに、最近の十年ぐらいは態度が変わりつつあるようで、この問題はもはや必ずしもタブーではなくなった。根っからのプロのほとんどにとってすらタブーではなくなったが、長い間はそうだったのだ。

文章には意味がある。生命は文章ではない。したがって、意味はない。昔むかし、哲学者が哲学に疲れ、哲学を嫌いになったとき、哲学的な問題を解決するかわりに排除しようとした。これらの哲学者たちは、生命は文章ではないという主張が重要だと考えた。もちろん現実的には、「人生の意味は何なのか」と問う人は、生命が文章のような形で意味があるなどとは思っていない。「人生の意味は何なのか」と問うのは、別の疑問、すなわち、生きる上で何が大切なのか、という疑問の別の問い方なのである。意味についての疑問は、意義についての疑問なのだ。意味論的な内容の点ではなく、重要性においての疑問である。人生で何が貴重なのか。何が人生を生きるだけの価値があるものにしているのか。どのように生きるべきなのかという問いは、自分の生き方が、自分が人生で大切だとみなしていることを反映すべきだ、という想定の上にたった疑問のもう一つの出し方だ。

「人生の意味は何なのか《ワット・イズ・ザ・ミーニング・オブ・ライフ》」という疑問で「意味」という言葉の前に冠詞 the がつくということは、わたしたちがある一つの答えを見つけようとしていることを示している。すべてのことに意味をもたせる、ある奇跡的な真実の光を見つけようとしているかのように思える。ところが、この疑問を「人生では何が重要なのか」という形に置きかえると、この推定は消えてしまう。ニヒリストなら「何もない」と答えるだろう――ただし、自分自身が言っていることを本当に信じるニヒリストなど、ほとんどいないだろうが。もっと妥当な答えは、「人生には重要なことがたくさんある」となるだろう。これらが何であるかは、人によって異なるだろう。人生で重要なことは、この意味では相対的である。だが、これはもう一つの疑問を出すだけである。何かが重要だというのは、何なのかと。あなたにとって重要なのか、わたしにとってなのか、それともだれかほかの人にとってなのか。これは、価値とは何かの問い方の一つにすぎない。何かに価値があるというのは、どういう意味なのだろうか。

哲学的な問答においては、疑問の方が困難な部分だ。ある疑問が存在する――哲学の難解さ・むずかしさが存在する――と見ることとすらも難しい。答えの方は寄せ集めである。答えが言葉で表わせないほど複雑だったり、ひどくむずかしかったりするのはまれである。逆に、ヴィトゲンシュタインはかつて、哲学的な真実における問題は、だれかがいったんこれを発言してしまうと、それがあまりに明白なために、だれも疑うことができなくなるという点だと主張した。わたしは、この主張がある程度までは正しいと思う。けれども、これこそが哲学的な疑問への回答にまつわる奇妙なことなのだが、答えが平凡だからといって、それが理解しやすいという保証はない。ある哲学的な答えを理解するには、どのようにして自分自身でそれを解くべきかを理解する必要がある。そのためには、答えがどこからくるのかを見きわめる必要がある。その答えが解くべき元の問題がもつ、力と逼迫性を理解する必要があるのだ。わたしたちはこの問題への、いくつもの選択肢をもつ解決の魅力を理解する必要があり、たぶん、すでにこれらの選択的な解決の一つかそれ以上の魅力に、ある点では負けてしまっているかもしれない。

この点で、哲学の回答は人間の知識や探求の他の領域の回答とはまったく異なる。たとえば、だれかがわたしに、E = mc^{2}だと教えてくれたら、わたしはこう言うだろう。「ありがとう。これでわかった。物体に含まれるエネルギーは質量と光の速度の二乗をかけたものだってことが」と。これを理解するためには、この等式がどのようにして導き出されたかをわかる必要はない。これは幸運なことだ。わたしにはまったくわからないからだ。哲学的な答えはそうではない。答えの導き出し方がわからなければ、答えを本当に理解することはないだろう。

哲学的な疑問が、人生についての疑問、人生では何が重要で価値があるのかという疑問であるときには、この問題の力や逼迫性を、人が自分の人生で感じている必要がある。問題への、いくつもの選択肢をもつ解決の魅力、この魅力に負けること、これらは人が人生の中で感じ、そしてしていることであって、根本的には、頭でしていることではない。人生の意味の問題、人生における価値の問題を感じることができなければ、それに対して与えられるいかなる回答も理解することはないだろう。

究極的には、この答えはわたしたちの心の中で見つかるのではない。自分の血と骨の中に、わたしたちは答えを理解する。生きることを通じてのみ、人生の意味の問題を感じるのだ。生きることを通じて、自分の人生に何が待ち構えているかがわかるようになる。このことを単に知的に理解するのではなく、内臓で感じ、味わうのだ。骨のうずき、血の酸味で。何が人生で価値があるかという問いへの答えは、この人生の代償は何なのか、この人生を生きる価値があるだけのものにするのは何なのか、ということを教えてくれるだろう。人生における代償を理解するには、人生が正確には何から代償をとり戻す必要があるのかを理解する必要がある。これは、自分が老いつつあると感じるとき、血が薄く冷たくなり、体力も知力も落ちはじめていると感じるときに理解することである。この人生に意味があるとすれば、アルベール・カミュが指摘したように、人生を「骨折り甲斐がある」ものにする何かがある。このことこそが、人生の意味、人生の価値についての疑問が、あらゆる疑問の中でもっとも重要な疑問である理由なのだ。

プラトンは対話『メノン』の中で、題名の元となったメノンという貴族に仕える奴隷の若者に、ユークリッド幾何学の理論のいくつかを教える〔この対話の作者はプラトンだが、ここで若者に教えるのはソクラテスとされている〕。プラトンは、メノンに何ら新しいことを教えたわけではなく、彼がかつては知っていたが、いまでは忘れてしまったことを思い出すのを助けただけだと述べている。プラトンは、わたしたちは皆このような知識をもって生まれてくるが、出生のトラウマのために忘れてしまうのだと主張した。このような、わたしたちがかつて知っていたことを思い出すプロセスを表現するために、プラトンは「アナムネーシス」（想起）という言葉を用いた。プラトンにとってアナムネーシスの概念は、ピタゴラスの輪廻転生と結びついていた。たしかに、わたしは輪廻転生など信じはしない。それでも、もっとも重要な真実のいくつかを体系的に忘れるというのは本当だと思う。これはわたしたちが生まれるときに起こるのではなく、成長するときに起こる。どんな子どもも価値を知っている。人生で何が大切なのかを知っている。ただ、自分がそれを知っているということを知らないだけだ。そして子どもは、子どもらしい物事の知り方で知っている。おとなにとってはとてもむずかしくて、学び直さなければならないような知り方だ。かつてわたしは価値を知っていた。心においてではなく、自分の体で知っていたので、そのため自分が知っていたということを知らなかった。ランニングは、かつてわたしが知っていたのに忘れなければならなかったこのことに、連れ戻してくれる。ランニングによって、おとなへの成長過程で失われがちな一定の価値と、ふたたび接触するのである。ランニングは回想の一つの方法、心が思い出せないことを体が思い出す方法である。

長距離走ではある種の自由を体験する。心とともに時を過ごす自由だ。長距離走ではまた、一定のタイプの知識を得る。まだ若かった頃の、浮き浮きした日々を満たしていた知だ。価値の知、人生では何が重要で、何が重要でないかについての知である。長距離走でわたしが見いだす自由の経験は、自分がしたいことは何でもできるという経験ではない。束縛のなさに伴う自由でもない。その逆で、長距離走がわたしに教えてくれることの一つは、自分がこの意味での自由をどれほど剥奪されてしまったかという点である。それでも、別の種類の自由がそこにはある。知ることと共にくる自由、疑念のなさから来る自由である。

演説が終わった。ピストルが鳴らされ、わたしたちは出発する……どこにも行き着くことなく。わたしたちの前には一万もの人がいる。わたしたちがスタートラインを越えるまでには、まだ一〇分近くかかるだろう。コーラル内で隣に立っていた愉快な年配の紳士は、彼のゴールタイムが二時間だと言った。一瞬びっくりしたが、この紳士がフルではなくてハームマラソンを走ろうとしているのだとやっと気がついた。彼はトラックスーツのジャケットをぬぐと、背後の観衆めがけて頭越しに放り投げた。それから、その結果を見るために振り返り、ジャケットが舞い落ちた人物が街灯の薄明かりの中で困惑しているのを見ると、クワックワッと高笑いした。これが、マラソンが始まるまで体を暖かく保つ方法なのだろう。もしかしたら来年まで二度と見ることがないことも念頭に入れて、服を着てくるのだ。周囲からは、やじ、叫び、キャンキャン声、ちょっとしたヨーデルさえ聞こえてくる。わたしたちは前に進みはじめる。最初はのろのろと歩き、しだいに、気がつかないほどゆっくりと、ジョギング競争へと変わっていく。

　こののろのろと進むプロセスの、たぶんそれほど明確ではないある一点で、わたしの初マラソンでの最初の一歩が踏み出される。これが最初の一歩だ。左足を踏み出し、そのときに「これなんだ」と思っている自分に気がつく。ついに始まった。これこそが、最初の一歩の神秘的なことなのだ。この一歩を踏み出すまえ、わたしは落ち着いているように見えただろうが、内心は疑心暗鬼の穴だらけだった。心理学的には混乱と不安のフレームが転位し、あがいていた。ふくらはぎは肉離れしないだろうか。長い距離を走れるだろうか。どれほど辛くなるだろうか。どれほど屈辱的だろうか。けれども、最初の一歩を踏み出すと、すべての疑心は、穏やかで静かな確信によって洗い流される。

　デカルト、そしてデカルトによって煽動された伝統によると、何かを知るというのは、それについて確信することであり、それについて疑いをもたないことだという。「疑いがない《フリー・オブ・ダウト》」という言い方がある。この表現には深い意味が含まれていると思う。自由《フリーダム》と知識は密にからみ合っているのだ。最初の一歩を踏み出したときにわたしの疑いを洗い流してくれる、落ちついた静かな確信は、経験に起因するある種の知識なのである。もしわたしが、若い頃のようにもっとスピノザに影響されていたら（若者でスピノザに影響されないですむ者がいるだろうか）、物事は絶対こうでなければならない、と考えたくなっていたかもしれない。しかし、これでは完全に正しいとは言えない。このステップを踏むときですら、事がこのように進まなければならないわけではなかったことは、よくわかっている。わたしの確信は、事がこうでなければならないというよりも、こうあるべきだとの理解の中に存在している。「べきだ」というのは価値を規定する言葉だ。事がどのようであるべきかの経験は、価値の経験である。何が重要であるかということの経験、そしてこれと相関して経験に暗示される、何が重要でないかの理解である。疑いとためらいの恐怖が、穏やかで静かな確信に変わるとき、これは価値の経験にもとづいているのである。

最初の一歩を踏み出しながらわたしは、今日何が起ころうと、どれほどの距離を達成しようと、自分がここにいるべきだということを理解した。自分がなすべきことをしているのだと。長距離走でわたしが発見する自由の経験は、実際には、わたしがかつては知っていたが忘れてしまった一種の価値の経験だ。ランニングはこの価値の理解を体現しているのだ。最初の一歩は踏み出された。長距離走がはじまる。長距離になってくれるといいが。

2 ストーン・マウンテン 一九七六

自分が老人になった夢を見る。とある家にいて、売るための荷造りをしているような気分にある。家の家具調度や装飾は、年月とともに新しいスタイルに変わってきたが、少なくとも一部屋はいつも、一世代前の流行を思い出させるような状態で残されてきた。ある部屋には、一九七〇年代のチーク材とベージュの布張りでできたがっちりした家具、別の部屋には、一九八〇年代に流行ったパイン材とスマートなスチールチューブの家具。一九九〇年代の部屋には、ＩＫＥＡ［スウェーデン発祥の家具販売店］の消すことのできない刻印が残されている。これらすべての物が同じ一つの家に属するということが、あまりに信じがたく思える。長いこと行かなかった屋根裏部屋のあちこちをほじくり回すと、撮ったことも思い出せない写真がたくさん出てくる。写真に写し出されている人々や場所には、おぼろげに見覚えがあるが、それ以上ではない。写真はわたしものだと思う。実際、かなり確信をもってそう言える。この家に一人で生活しているのだから。写真がわたしのものでないのなら、だれのものだろう。だが、写真を裏返してみても、そこにはこの写真がだれのものかを示すものは、何も書かれていない。所有者の問題についてわたしにできるのは、合理的な結論を下すことぐらいしかないようだ。

わたしが完全には手にできないのは、人生自体である。その広がりと深さにおいて。長く生きれば生きるほど、人生すべてがますますちぐはぐに見えてくる。それぞれのものの置き場所を見つけるのに、苦労すればするほど、すべてがまとまるべきだということも、ますますあり得ないように思えてくる。人生は自然で明白なものから、だんだんに形を変えて、自己に有利になるように改変されたもの、あり得ないものになる。わたしがもつこれらの記憶、こうも熱心にわたしにのしかかってくる記憶たちは、わたしのものだ。それについては疑いもない。これはわたしの心であって、ここにいるのはわたしだけだ。わたしの記憶でないのなら、だれのだというのだろう。結局のところ、現実所有は所有権決定で九分の勝ち目がある。わたしは狂っているわけではない。これらの記憶が、エイリアンによってわたしの頭に埋め込まれたとは思わない。それでも、これらの記憶には「これはマーク・ローランズの所有物」とはっきり記すものは何もない。明白なこととして感動するのは、これらが自分の記憶だというよりも、これらが他のだれの記憶でもあるはずがない、という点である。

記憶は、最初の頃は努力がいらない。新しい記憶のための空間はたくさんあり、デザインや流儀の必要性を満たさなくてもよいからだ。けれども、記憶の家がたくさんのもので散らかりはじめると、ますます多くを記憶するのは意志の行為となる。つまり、なんらかの本当の満足をもってなし遂げるのが時には難しいような行為となる。人生の一貫性——意義——は、ますます、単に与えられるものではなくなり、あれやこれやの特別な戦略によって達成されなければならなくなるのだ。記憶が消えるのは、わたしたちがもはや記憶をつくれないからではないし、そのための場所がなくなるからですらないと思う。記憶がちぐはぐになり、あまりにあり得なくなるだけなのだ。最終的には、わたしをなすのは、わたしのまったくの信じがたさかもしれない。わたしがここにいるというのは。あまりに本当らしくなくなり、もはや信じられない仮説になってしまうのだろう。

こうして、思い出そうとするわたしの試みは、折につけ、そしてますます強く、奇妙な驚愕の感覚を特徴とするようになる。これらの記憶がすべてたった一つの人生に属するというのは、いささかシュールリアリスティックな発見だ。こうしたことがすべていっしょに束になって、空間と時間を貫く一本のくねくね曲がった道を行くというのは、非常にあり得ない感じがするのだ。思いがけないボーナスのようなものだ。こうしたことを見たのは本当にわたしなのだろうか。こうしたことをしたのはわたしなのだろうか。もっと悪いことに、わたしは記憶については十分に知っているから、写真のモデルに欠陥があることも知っている。記憶は過去の出来事の複製品《レプリカ》ではない。記憶は演出表現であって、一部は複製品《レプリカ》、一部はでっちあげだ。記憶はわたしが縫い合わせた工芸品なのだ。わたしはただのカメラマンではなくて、編集者であって、しばしばCGI［コンピュータグラフィック・インターフェース］屋でもある。ある有名な哲学的な説によると、わたしは自分の記憶だということになる。今日のわたし、他のだれとも違うわたしをなしているのは、わたしの記憶なのである。それでも、人はわたしの記憶の中にわたしを見つけることはないだろうと思う。いずれにしろ、これらの記憶の内容の中には見つからないだろう。わたしは記憶の縫い合わせ、継ぎ合わせの中にだけいる。わたしが作り出した像の中だけにいるのだ。

それなら、この日のわたしの記憶について何を言うべきだろう。ドイツの詩人、ライナー・マリア・リルケは、もっとも大切な記憶は、あなたの血の一部となった記憶だと書いた。記憶の血は思い出されること自体ではなく、思い出し方、思い出しのスタイルであって、わたしが思い出す内容の中に見つかるわたしはますます少なくなり、思い出し方の中にますます多く見いだされるのだと思う。

ミュンニズ・マイン（Mynydd Maen）、すなわち「マウンテン・オヴ・ストーン」は、ウェールズのクウェント州の東部と西部の谷の間にある。実は山というほどではなく、高さは四五〇メートルほどしかない。それでも、天気の良い日にはイングランドへのすべての道を見渡せる。南の方角には、ブリストル海峡の向こう側の岸にへばりついたような、ブリストルが見える。北方向には、ブラック・マウンテンズの一つ、シュガー・ローフ——ペンユーヴァル（Pen-y-fal）——山とブロレンジ丘が見える。空気が例外的に澄んでいれば、その向こうにビーコン山群が見える。これは「ブラック」な山脈と呼ばれるけれど、この名前は皮肉だ。たいてい青々としており、ヒースが枯れる秋には茶色になる。

本当に黒い山脈はこうした山々の手前にある。わたしが子どもの頃、産業革命の暗い名残があらゆるものにへばりついていた。丘は石炭の粉におおわれ、浸されて、ほとんど一様に黒かった。実際、土ではなくて石炭でできた山があった。石炭のスラッジが積もった山だ。こうした山の内部で発火することがよくあり、火は何年も燃えつづけることがあった。火を消す手段は何もなかった。ナンティグロ、つまり「石炭の川」と呼ばれる町に住む家族がいて、わたしたちは一ヶ月に一度、日曜日に谷をドライブして上がり、この家族を訪問したものだ。海抜三〇〇メートル以上も登り、ブレナヴォン町を抜け、炭色に染まったガルンユーエアルー（Garn-yr-erw）の村町を通るとき、わたしは弟といっしょに後部座席にすわっていた。真っ黒な丘の斜面が両側からわたしたちを見下ろし、黒い石炭の煙が波のようにうねり出ていた。詩人のアイドリス・デイビスはかつて、これとよく似た山について、「失われた美、これから来るべき美を夢見る」ことができると書いた。けれども、わたしはこれが普通ではないとか、アーティストがこのような風景を使って地獄を描くなどとは思いもしなかった。世界の終わりがこの景色のように見えるかもしれないなどという思いは、一度として浮かばなかった。

ミュンニズ・マインは、東側の谷が海岸平野に向かって開けている地点にある。ここはほとんど石炭がなかったので、あの過酷な世紀の最悪な行き過ぎはまぬがれた。わたしは周囲を緑の山草に囲まれ、山草の上に立っている。ここから南東方向にあるニューポートでわたしは生まれた。東にあるのがクームブラーン（Cwmbran）、つまり「カラスの谷」という名前のがさついたニュータウンで、ここでわたしは育った。西側は、いま立っている位置からは見えない。この山の上でわたしは多くの時を過ごしてきた。だから、北と南と東の地理については、自分の手の甲のように知りつくしていた。西側だけが、わたしにはいまだに謎だった。

さて、この日は、生き生きウキウキするような朝で、若者の朝だけがもてる可能性にあふれていた。未来への展望、選択、リスク、機会が、細かい粉のように舞っていた。春の終わりか初夏だったはずだ。この日の日付については、せいぜいこれだけしか思い出せない。それでも、この日が土曜日だったことはわかっているし、学校がまだあったことも覚えている。だから、五月かあるいは六月始めだったのだろう。もし四月だったなら、この時間にはまだ山には霜がおりていて、白かったはずだ。

子ども時代の土曜日は、ほとんどの時間をスポーツで費やしていた。土曜日にはしばしば学校の公式チームの試合があった。たいていはラグビーかクリケットだ。正式の試合がないときには、友だちといっしょに非公式な寄せ集めチームをつくって、サッカーで土曜日を埋めた。まったく何の予定もないフリーの土曜日はごくまれだった。それでも、試合が実現したときには、ただただ自分だけで出発したかった。いや、正確にはひとりではない。この朝、わたしといっしょにドアからとび出したのは、大きな、ほとんど白に近い明るい色のラブラドール、わたしの子ども時代の愛犬ブーツだった。二つの胃袋にはまだ朝食がおさまったばかりだ。わたしたちは歩きはじめた。チャペル・レーンを下り、ブルーベリー・ウッズを通り越し、ブーツはわたしのかたわらでとび跳ねていた。わたしは走ることにした。安定したジョギングだ。わたしは肥満児ではなかったが、ほっそりとしていたわけでもない。太り気味という言葉が当たっていたかもしれない。それでも、その年の一年か二年前から、背が急に伸び出し、体が細めになってきた。丸ぽちゃの甘草入りキャンディーの固まりを、糸のように伸ばしたようなものだ。これが最後の身長の伸びであることを当時知っていたら、もっと大切にしていただろう。人生は時にはこのように進むのだ。けれども、この日のわたしたちの影は覚えている。エネルギーの塊のような、筋肉のずんぐりしたボール状のブーツと、最近こそぎ落とされて、長く伸びたわたしのプロフィールが、道沿いにならぶ石のベンチに投影されていた。やっと長くなった髪——一三年間にわたる母親の「後頭部とサイドは短髪にしろ」というテロルに打ち勝った勝利——が、足を踏み出すたびに陽の中で上下に揺れた。

　わたしが走り、ブーツが走る。理由など何もない。子どもやイヌは、走るのに理由などいらない。走るというのは、ある地点から別の地点に自身を移動させるための、完璧に道理にかなった移動方法だ。歩くのに理由がいらないのと同じように、走るのにも理由はいらないのだ。実のところ、走らないと、まったく居心地が悪いことすらある。わたしの生活は出来事、行事、義務のパッチワークで、これらをつなぐ糸がランニングだった。学校は一・五マイル離れていた。わたしは毎朝、学校まで走り、夕方、学校から走って帰宅した。時にはランチタイムに一往復することもあった。これだけでもすでに六マイルになったわけだが、これを練習とみなすことなど思いつきもしなかった。週に三回、放課後にラグビーの練習があり、二時間はおもに走ることに費やされた。それから家まで走りもどって夕食をとり、宿題をし、そのあとの一時間は、母親に強制されたピアノの練習が待っていた。母親によれば、これ以外のわたしの生活は暴力的なので、これと釣り合いをとるために、ピアノは必要なのだそうだ。月曜日の晩にはラグビーの練習がないので、ボクシング・クラブまで走って行って、いくらかトレーニングをすることがあった。クラブに着くと、五マイル走ってくるように言われるのが常だった。冬にはたいてい土曜日の午前中に学校のラグビー試合があったし、午後は地元のラグビークラブが運営する少年チームと試合をすることがあった。夏になると、事情はいささか異なった。学校のラグビーの代わりに、地元クラブのためにクリケットをしたのだ。クリケットではラグビーほど走らない。それでも、わたしはバッティングをするオールラウンダーだったので、走る機会はたっぷりあった。しかも、クラブのクリケットは土曜日だけでなく、週末すべてが費やされた。

今日では事情が違う。そして世界も違った場所になった。子どもたちは車で学校まで送られ、帰宅すればコンピュータゲームで遊ぶ。もし、自分がいまの時代に成長していたら、壁を登っていた、つまり「問題児」になっていたのではないかと思う。男の子の中には——女の子については言えないが、男女で根本的に異なる理由はすぐには見つからない——一定のタイプ、すなわち走る必要がある少年がいる。このタイプの少年は走らないと、人生が辛くて混乱した場所になってしまう。わたしはそのようなタイプの少年だった。

ミュンニズ・マインの頂上——無線塔が立っていた——にたどり着くには、とても急な坂道を、たまには這うようにして三マイルぐらい登らなければならない。ブーツとわたしが頂上に着いて時計を見ると、驚いたことに、ここまで来るのにたった三〇分余りしかたっていなかった。いまでも、これは何かの間違いだったような気がする。もしかしたら、覚えているよりも早く家を出たのではないか。それでも、事の真相がどうであれ、頂上に着いてからも、わたしたちは走りつづけていた。立ち止まることなど思いもしなかった。

山の頂上はどんなに想像をたくましくしても、危険とは言えなかった。所々に切り立った崖があり、泥沼もいくつか散在していたから、注意は必要だった。けれども、わたしはこの山をよく知っていた。水は持参しなかったが、必要もなかった。だれも小川の水を飲みたいとは思わなかった。マウンテンシープの死亡率が高くて、上流で死んだマウンテンシープを見つける確率は無視できないから、小川の水を飲むわけにはいかないのだ。でも、わたしは水源地の場所を知っていた。そこには透明で氷のように冷たい水が、地面から魔法のように湧き出ていた。先に飲むのはわたし、それからブーツだ。ブーツのよだれは飲みたくはなかったから。飲み終わると、また走りつづけた。

これはブーツにはいささかハードだと思われるかもしれない。ブーツはもう若くはなかった。当時は八歳ぐらいだったはずで、骨太のラブラドールとしてはいくらか歳をとっていると言える。しかし、昔の子どもが生活を走って過ごしたように、かれらのイヌも走って過ごした。わたしはブーツのことをまったく心配しなかった。夏になって、ラグビーとボクシングの練習が夏休みに入ってしまうと、平日は毎晩、二時間かそこら、ブーツとわたしはクリケットをした。わたしがバットを手にもったたま、ボールをガレージの壁めがけて投げる。そして、返ってきたボールをバットで打つと、ブーツがボールを追いかけて持ってきてくれる。わたしの足もとの草はすりへって、土ぼこりをたてる汚れた一画になっている。ブーツのよだれでべとべとに濡れたボールに土ぼこりがこびりつき、以前はまばゆいばかりに白かった壁は、年月とともにだんだんに真っ黒になりつつあった。夏の毎晩、二時間の追跡。ボールを追っかけてとらえ、もはや何も見えないほどあたりが暗くなると、いやいや家の中に入らされた。ブーツは一日中でも走ることができたのだ。そして明らかに、この頃はわたしにもそれができた。わたしたちは、山の針金のような草や弾力のあるヒースを踏みつけながら、走りつづけた。

二、三時間後、トウムバールウムに着いた。鉄器時代の城塞の遺跡だ。かつてこの城塞は、現在ニューポートがある場所を見下ろす丘を守った。この城塞で残ったのは、山頂の尾根にある目立った塚一つだけで、いまではうっすら草におおわれている。後にわたしは、母と父を訪ねて帰省し、列車がニューポートに入るたびに、「タンプ」と呼ばれるこのトウムバールウムを見た。あるいはその後、M4号線をドライブするときにも、このタンプはわたしに、家に帰ってきたことを教えてくれた。

それから、わたしたちは踵を返して家まで走った。走らない理由は思いつかなかった。山での一日から帰宅するのは、長い薄暮が始まる頃で、夕食には間に合った。

「今日はどこに行ってたの？」と母が聞いた。

「山に登っただけだよ」

マラソンの大部分をなすほどの距離を走ったことは、あえてつけ加えなかった。ブーツは夕方のクリケットゲームをしようとせがんだ。暗くなりすぎない内にと。

この日の出来事はいくつかの点では、その後の人生におけるランニングを支配する、一定のテーマを予言していた。けれども、別の点ではこれはまったく異例だった。当時をこのように回想すると、まるでわたしがイースタン・ヴァレーのハイレ・ゲブレセラシエでもあるかのように聞こえる。けれども、実際にはそれほどランニングにすぐれていたわけではない。友だちの多くと比べてもそうだった。わたしは、若い時期の多くを走る場で過ごしたかもしれないが、これは友人たちも同様だった。そして友人の多くは、わたしよりもはるかにすぐれたランナーだった。

最初のクロスカントリーでの、面目まるつぶれの成果はよく覚えている。これは学校の年間行事の一つで、これに初めて参加したのは、ミュンニズ・マインを走るこの日の一年ぐらい前のことだった。自分のことをジョッキーと呼ぶのは時代錯誤かもしれない。この表現が、当時はまだブリテンの海岸まで達していなかったのはたしかだ。これが時代錯誤だろうとなかろうと、これこそが当時のわたしだった。ラグビーチームでは中心的な選手、クリケットチームではキャプテンだったのだから。それで、このレースでもうまくやれると予想していた。距離がどれほどだったかは覚えていないが、たぶん五マイルあたりだったと思う。小さくてやせた子どもの中には友だちもいたし、ほとんど知らない子もいたが、どの子も、わたしのラグビーブーツを締めるにも値しなかった。それなのに、この子たちは、わたしをすらすら追い越していったのだ。まるでわたしが立ち尽くしているかのように。結局、わたしはグループの真ん中あたりでレースを終えた。しかもこれは、「真ん中あたり」を大きく見積もった場合の話である。この結果、わたしはランニングとは愛憎関係のようなものをつくりだしてしまった。それでも、いつも走っていたのはもちろんだ。毎日、走って通学することや、夕方にブーツといっしょにあの山に走り登ることを、ランニングとみなしたことは一度もなかった。これは生活の一部にすぎなかった。けれども、レースというイヴェントにはなるべく近づかないようにしていた。

少なくとも、レースが一定の距離以上の場合には避けた。短距離レースは気にならなかった。ある程度すぐれていたから、という面が大きい。わたしは高校では「トラック・チーム」にいた。いや、これも完全に正しいとはいえない。「トラック・チーム」などという言い方もまた、わたしの思考パターンに入り込んでしまったらしいアメリカ主義だ。一九七〇年代の南東ウェールズにはトラック・チームなどなかったのだから。週末に学校の合同競技会があると、体育教師の一人が、次のようなことを言ったものだ。「ローランズ、君は走るのがかなり速いな。土曜日に競技場に行って、一〇〇メートル走を走ってこい」。せっかくの土曜日を、自分の出番を待ちながら競技場をうろついて過ごすなんてまっぴらなので、わたしはこう言うのが常だった。

「先生、パーケシーはどうですか? 彼の方が僕より速いです」

「彼は今週の週末はいないんだ。君が行きなさい」

クームブラーンには陸上競技場があった。クームブラーン市全体の設備状況から見ると、不釣り合いなほど設備のよい競技場だった。そのため、ウェールズのたいていの陸上競技大会はここで開催された。こうしてわたしは、年に二、三回は週末を、この競技場で不熱心に過ごすことになったのだ。一度は、ウェールズの一五歳以下の一〇〇メートル決勝で三位になった覚えがある。といっても、あの日はたくさんのデービッド・パークス［アイルランドのサッカー選手］級の選手は参加していなかったが。いずれにせよ一〇〇メートル走は、不本意なこともあったが、わたしの得意競技だったのだ。

世界的な生物学者であることと、世界的な長距離ランナーであることの両方をむすびつけるのに成功した、きわめてまれな数少ない人の一人ベルント・ハインリッヒは、『人はなぜ走るのか』という本の中で、長距離競走に適した人の一般的な解剖的な特徴として、次のような点をあげている。「長距離ランナーには共通した特性がある。すぐれたランナーはやせている。長距離ランナーは地面を浮くように走らなければならない。ときには、これを何時間もつづけなければならない。理想的には、長距離ランナーは鳥のように骨が軽くて細く、脚は長く、筋肉が細いのが望ましい」。これが長距離ランナーの姿であるなら、わたしはアンチ長距離ランナーだ。わたしは浮くようには走らない。ドタドタ走る（地面に強く打ちつける傾向がある。明らかにこれが問題で、何年も後に受けた多くの負傷の原因となった）。わたしは鳥のような姿からはかけ離れている。脚は短く、骨太で肩幅が広い。自分のことを「内胚葉型」の傾向をもつ「中胚葉型」人間とみなしたいのだが、現実には、中胚葉型の傾向をもつ内胚葉型人間なのだろう――これら二つに差があると仮定した場合の話だが。わたしは、最高の状態なら、厳しいトレーニングをすれば、短距離選手のように大きくて筋骨たくましい人間、最悪の場合には、肥満児というわけである。

筋線維には基本的に、遅筋線維と速筋線維の二つのタイプがある。成功する長距離ランナーの脚の筋肉は、七九〜九五パーセントまでが遅筋線維でできている。平均的な人の脚の筋肉は、遅筋線維と速筋線維が半々である。えり抜きの短距離選手では、遅筋線維が二五パーセントをなし、七五パーセントが速筋線維である。遅筋線維は脂肪を燃焼し、持続的な酸素の供給下でのみ作業できる。つまり、好気的に作用するのだ。速筋線維はグルコースを燃焼させ、無酸素で作業できる。つまり嫌気的に作用できる。疾走するときに脚にたまる乳酸は、速筋線維の嫌気作用の副産物である。

練習のしかたが遅筋線維と速筋線維の比率にもたらす効果は小さいことが、これまでに示されてきている。フィリップ・D・ゴルニックらは一九七二年の古典的な研究で、激しい好気性の練習はせいぜい、速筋線維の四パーセントを遅筋線維に変えられるだけであることを示唆した。ゴルニックはこの研究で、被験者に五ヶ月のあいだ、毎週四日間、一日に一時間トレッドミル［ランニングマシーン］上を好気性能力の八五〜九〇パーセントで走らせた。この数字はその後の研究によって、多少なりとも実証された。

もっと最近になって、速筋線維がＦＴａとＦＴｂの二種類にわかれることが発見された。ＦＴａは遅筋線維の特性のいくつかをもつ。速筋線維らしく、グルコースを代謝して嫌気的に作用できるが、好気作用もできるのだ。平均的な人の速筋線維は、それぞれのタイプを均等に、ほぼ五〇パーセントずつもつ。首尾一貫した厳しい練習は、速筋線維を遅筋線維に変えるよりもＦＴｂをＦＴａに変えるためにより効果的である。えり抜きのマラソン選手は最終的にはＦＴｂをほとんどもたなくなる。自分にはこのようなまねはできないということに、わたしは確信がある。もっと言えば、自分がまねをしたいとは思えない。

このように、長距離ランナーとしてのわたしにとって、いちばん大切で明白な事実は、長距離ランニングに適していないということだ。素質があまりないのだ。ミュンニズ・マインでのあの日、何が起こったのかはわからない。あの日、なぜ自分の脚がしていることを止めるべきなのか、なぜ脚が一日じゅう、そして夜どうし、走る動きをつづけるわけにはいかないのか、理由はどうしても見つからなかった。けれども、どれほどしたいと願っても、どれほどそのために訓練してきたとしても、少年とおとなとの間のどこかにいたあの日、石の山で感じた自由と力の感覚を復元することは、それ以後、一度としてできなかった。

若者でも老人でも、わたしたちのすべてを不可避性の鉄のかせが縛っているのではないかと思う。それでも若い間は、そしてわたしたちの良き日々に内部で唄う力をほとんど抑えられていない間は、わたしたちをしばる鎖はずっと軽かった。あの日、わたしは若さの自由をもって走っていた。止まる理由を思いつかない自由、だから止まる理由が本当にないという自由をもって。若さの自由はあふれんばかりの生命の自由、体という器に抑え込むのが難しいほどの力の自由だ。もっと成長すると、内に宿るこの感覚はだんだん少なくなる。止まる理由がとてもたくさんあることが、あまりによく理解できるようになるのだ。心にうるさくのしかかる理由たち。そして疲れれば疲れるほど、これらの理由たちはしつこく主張する。それでも、運が良ければ、とても運が良ければ、これらの理由がどれほど残忍に唸ろうとも、こんな理由にはわたしたちを支配する力などないことがわかるようになる日がくる。これが、年齢の自由である。

体の構造――フランスの実存主義の哲学者たちが時には「体の叙実性」と名付けた――への抗議は、ただの言い訳ではないだろうか。とどのつまり、わたしは筋肉の生体組織検査を受けたことはないのだから。もしかしたら、自分の筋肉が世界級の長距離ランナーのような構造をもっていて、八〇パーセントが遅筋線維で、事実上はＦＴｂがないと聞いて、啞然とするかもしれない。いや、それはないと思う。生物学的な素質の欠如とも関係しているが、あの日の走りにはもう一つ特徴がある。これは、後の人生におけるランニングでもくりかえされるテーマとなった。この特徴とは、走ることがまったく予定されていなかったという点である。あの朝、目が覚めたときに、今日はブーツといっしょに出かけたいな、という気がした。それだけなのだ。自分が山に行こうとしていることを知りもしなかった。ただ単に、そこを走っている自分に気がついただけだ。時々わたしは、走るのは好きではないと言うことがある。それを信じることもある。だが、これが本当に正確だとは思えない。わたしはこうも長く走ってきたのだし、少なくともあるレベルでは、走ることが好きでなければならないと思う。それでも、走ることを考えるのが嫌いだったのはたしかに本当だ。少なくともごく最近までは——物事はいまや変わり、このことには理由がある——走りに行きたいときには、走りに行こうとしていることを絶対に考えないようにしなければならなかった。自分の走りに、こっそりと忍び寄らなければならなかったのだ。

ランニングについての雑誌には、走りたくない自分を走るようにどう動機づけるか、助言が載っていることがある。たとえば、ビジネスマンやビジネスウーマン向けの助言として、ミーティングの予定を組むようにランニングの予定を組み、予定を果たしたあとは、「よくやった」と自分を誇りに思うとよいと書かれている。わたしにとっては、自分を走らせるための方法はただ一つ、自分は走るつもりはないのだということを自分に納得させることだった。一九六〇年代に「未知の空間の恐怖　光る眼」〔原題 Village of the Damnned〕というイギリス映画があった。ジョン・ウィンダムの小説『呪われた村』〔原題 The Midwich Cuckoos〕が映画化された作品だ。子どもの姿をした異星人についての映画だ。異星人たちは何らかの卑劣なテレパシーが使え、世界を乗っ取ろうとしているらしい。よくある異星人ものの話だ。映画の大詰めで、爆弾を計画していたヒーローは、子ども姿の異星人によってテレパシーで探りを入れられる。異星人たちには、ヒーローが何かをしようとしているらしいとはわかっても、それが正確には何だかはわからないからだ。だから、ヒーローは何としてでも、爆弾のことを考えないようにしなければならない……。これこそが、わたしがランニングへのアプローチで使った方法である。「いや、僕は今日、走りに行くつもりは絶対にない」「いいえ、先生、絶対に走りません。ただここにすわって書きものをするつもりです」と自分に言いながら、その一瞬後には立ち上がり、部屋を突っ切り、ショーツをはき、ランニングシューズをはき、玄関を出る。一頭か二頭のイヌを従えて。わたしの体が、何が起ころうとしているかを悟って、いつもの異議や邪魔だてを考えつく前に走り出すのだ。

走ることを考えることへの嫌悪、走ること自体ではなく、走ることを考えることへの嫌悪は、二〇代、三〇代、そして四〇代に入ってもしばらくはつづいた。いまのわたしは違う。いまやわたしは、道に出るのが待ち遠しくてしかたがない。たぶん、二人の小さな息子がいるからなのだろう。信じてほしい。息子たちと数時間を過ごすのにくらべれば――誤解しないでいただきたいが、息子たちと過ごすのは大好きだ――二〇マイルを走るのはリラックスのための小休止である。もしかしたら、あらゆる負傷、ささいな苦痛、五〇歳にさしかかるのに伴う一般的な慢性的な軽度の痛みなどの中で、自分のランニング人生が無限の未来までつづくとは限らないことを理解しはじめたからかもしれない。わたしの品質保証期限の日付は、危なっかしい膝、かなり無作法なアキレス腱、問題のある背中、常習犯のふくらはぎの筋肉に、見まごうことなくスタンプされている。この事実に照らされて、ランニングは単に自分がする何かではないことを理解するようになったのだ。ランニングは、わたしがする権利をもつ何かですらない。ランニングは特権なのだ。

わたしは人間とではなく、イヌと走る。これは、その後の年月でくりかえされることになる、わたしのランニングのもう一つの特徴だった。人間とは友だち付き合いや激励のため、話すため、むだなおしゃべりをするため、単にいっしょにいるために共に走る。その理由はたいへんよく理解できるし、尊重すべきものだ。ただ、そうしたことはわたしが走る理由ではない。

タイム、距離、そしてもっと繊細な方法で自分のランニングの質を評価する人がいる。AI——走った距離の途中でのエアロビック・インターバルの数、長さ、強度——とか、TUT——トータル・アップヒル・タイム——などである。けれども、わたしにとっては、タイム、距離、AI、TUTなどはすべて偶発、付随的なものだ。どの走りにも独自のハートビート［直訳すれば心臓の鼓動となるが、本書では一つの概念として特別に使っているので、以後もハートビート、ビーティング・ハートなどとそのまま書く］がある。長年の経験がこのことをわたしに教えてくれた。走りのハートビートは走りの本質、つまり走ることの本当の姿である。初夏の朝、あの石の山では、ハートビートは穏やかだった。わたしの足は山の草やヒースの中にやさしく沈んだ。曲がりくねり、弓なりにそった木々の枝の間で、山のそよ風がささやくようにカサカサと音をたてた。そして、このそよ風の中でヒバリがやさしく踊っていた。そうしたすべての中に、ブーツがいた。パン、パン、パンというやさしい呼吸の音、首輪についたタグのチャッチャッという静かな響きをたてて。

おとなになってからのわたしは、人から「走っているときに何のことを考えますか」と聞かれることがある。とくに、わたしが選んだ職業を考えれば、道理にかなった質問ではあるが、それでもこれは誤った質問である。この疑問は、走ることが何をなすかについての理解の欠如を露呈している。たとえ答えられるとしても、どれもがかなり退屈なものになるだろう。「あー、痛いなあ」という文句がますます頻繁に出てくるようになる。もっと一般的に言えば、わたしが考えることは、わたしが走り出す前に人生で起こっていることを反映するだろう。幸せならば、幸せなことを考えるだろうし、悲しければ、悲しいことを考えるだろう。考えるということは、あまりに多くのわたしの部分を抱えている。わたしの人生のあまりに多くの悪臭、関心事や心配事を抱えているのだ。

そもそも、わたしが走るときに何かを考えているとすれば、その走りがうまく行っていない兆候である。あるいは少なくとも、走りがそれまではまだうまく行っていなかった兆候だ。走りがまだわたしをしっかりと支配していない。自分がまだ走りのハートビートの中にいない。走りのリズムがまだわたしに催眠術をかけていないのだ。うまく行った長距離走ではかならず、考える（think）という主体的行為が停止し、様々な思考（thoughts）がおのずと湧き上がってくる瞬間がくる。そうした思考が価値のない場合もあるが、無価値ではない場合もある。ランニングは、思考が演じるオープンスペースなのである。わたしは考えるために走るわけではない。けれども、わたしが走るなら、思考がやって来たがる。このような思考は、走りの外側にある何か、つまり走りに伴う付加的なボーナスとか利益などではない。思考は走ることの一部、走りが本当は何であるかということの一部なのである。わたしの体が走るとき、わたしの思考もまた走り、その走り方はわたしの趣向や選択とはほとんど関係がないのだ。

　ランニングが脳におよぼす効果については、少なくともマウスの脳に関しては、いくつもの研究がある。そして、その効果は驚くほど強い。そう久しくない昔でも、成体神経新生、すなわち、おとなでの新しい脳神経の成長が可能であることは知られていなかった。しかし、これは可能であるらしく、それを起こすことができるものの一つがランニングである。少なくともマウスではそうで、実験用のマウスにベルトランナーを自由に使えるようにしてやると、海馬、つまり記憶に関係した脳の部位に何十万もの新しい細胞が育つ。さらには、ＢＤＮＦ（脳由来神経栄養因子）というものがある。これは新しい脳細胞の形成と、現に存在する脳細胞の保護を助けるタンパク質である。ランニングはこのタンパク質をたくさん生産する。ランニングがわたしの脳におよぼすこれらの効果をとても喜ぶ時が、いつかはやって来るかもしれない。けれども、いまのところ、わたしはこのようなことには関心がない。興味があるのは、ランニングの後ではなくて、走っている最中に脳に何が起こるのかという点である。だが、ｆＭＲＩ（機能核磁気共鳴断層装置）の技術が現在よりもはるかにポータブルになるまでは、この発見はできないだろう。少なくとも、直接的には発見できないだろう。それでも、脳機能の他の側面についてなされた研究から、筋道のたった推定を、とくにリズムと情報処理の関係に関して引き出すことは可能だと思う。

まず、解明すべき現象、すなわち走っているときにどういう気分になるか、から始めよう。これをわたしは、考えるという行為から思考への転換という言葉で記述して、リズムの催眠術的な効果がこの転換の根にあったと示唆した。この現象がわたしだけに起こったのなら、ほとんどおもしろくないだろう（もちろん、わたし以外の人にとってであるが）。ところが、ほぼ似たような経験を描写している人はほかにもいる。たとえば、ジョイス・キャロル・オーツはこう書いている。「ランニング！　これ以上に幸せで、心を浮き浮きさせ、想像力を養ってくれるものがあるだろうか。ランニングでは心は体とともに逃げて行く。言葉の神秘的なエフロレッセンス〔物質上に現れる白いシミ。白華〕が脳の中で、足とスイングする腕のリズムに合わせて鼓動しているようだ」。これと似たような気分ではあるが、わずかに異なる強調をこめて、村上春樹はこう述べている。「走っていると、僕の心は空白になる。走っている間に考えることすべてが、走るプロセスに従属する。走っている間に僕の心に入り込む考えは、一陣の風のようなものだ。考えは突然にあらわれては去っていき、何ものも変えないのだ」。オーツも村上も、この体験の重要な、だが異なった側面を突き止めている。オーツではリズムが強調されている。スイングする腕と動く足に調子を合わせて、思考が逃げたり、鼓動したりするのだ。村上は心の空白を強調し、思考をこの空白の中を通り過ぎる一陣の風にたとえている。わたしはこの点で、村上とは異なる。村上は、自分にとってこれらの思考は何も変えないと主張している。これはわたしにも当てはまる場合がある。けれども、たまに、ごくたまに思考がすべてを変えることがある。そうなると、それはわたしの頬をやさしくなでる羽のような息吹というよりは、鋭い平手打ちのようなものである。

思考というものは、すでに用意されているときにだけやって来る。思考は強制して起こせるものではないし、せかせば来るものでもない。交渉することもできない。思考はそれ自身の時間に合わせて浮かぶのであって、わたしの時間に合わせて来るわけではない。ミュンニズ・マインでのあの日以来、訪れては去って行った何年もの月日の間、解こうとしてきた問題——わたしの仕事は困難で抽象的な概念上の問題である——が走っている間にとつぜん自ずと解決するとか、目の前で溶解する、といったことを数えきれないぐらい経験した。この現象をすべてではないにせよ説明するのは、リズムという観念であるのはほとんど確実である。

規則的なリズムをきざむと、左の前頭部皮質、左の頭頂皮質、および右の小脳が活性化される。この活性化の部位と同じくらい重要なのが、その周波数である。この周波数はガンマ帯、つまり二五〜一〇〇ヘルツであるが、典型的には四〇ヘルツである。ガンマ振動は脳における最適な情報処理の鍵で、注意とか、おそらくはまた意識体験のようなプロセスの基礎をなすと、考えられている。これは、ガンマ振動が脳の活動を集めて一つに統合する役割を果たすからだ、と考える研究者もいる。よく知られているのは、フランシス・クリックとクリストフ・コッホの理論で、四〇ヘルツ前後のガンマ振動は視覚意識における情報をむすびつけることに関与していて、視覚体験にとって重要であるという。

ただし、この主張には議論の余地がある。それでも、ガンマ振動が効率的な認知パーフォーマンスに関係しているという考え方は、今日では広く受け入れられている。事実、スタンフォード大学のカール・ダイスロスのチームによって開発された光遺伝学の技術は、このことをかなり決定的に示している。光遺伝学では、パルブアルブミン（脳のガンマ波の振動周波数を調節する、ある種のタンパク質）を作り出す一定のタイプのニューロンに光を照射し、照射のパルスを通じて脳のリズムを操作する。ダイスロスはこのテクニックを用いて、ガンマ振動の正しい周波数が「前頭皮質の細胞間への情報の流れを高めるであろう」ということを示した。この前頭皮質は、思考がもつこのような高度に認識的な機能と関係している、脳の部位である。

ガンマ振動の最適な周波数（四〇ヘルツ前後）は指でリズムをきざむだけでも引き起こせる、というのは注目すべきである。だから、体全体を適切なリズムで動かせば、おなじ効果を生み出せると考えるのは誇張ではない。事実、もし一本の指でたたくことでガンマ振動の適切な周波数が引き起こせるのなら、体全体を動かせば、これよりもっと力強くこれができると考えてもよいだろう。したがって、ランニングに従事する体のリズムと、高度に認識的な機能にかかわる脳の活動の存在との間に関係があるというのは、怪しい説ではないのだ。とはいえ、リズムだけがすべてではない。指を四〇ヘルツのリズムで何時間もたたきつづけても、せいぜい指がひりひり痛むだけで終わってしまうだろう。

ノーベル物理学賞を受賞したマサチューセッツ工科大学（ＭＩＴ）のヴォルフガング・ケターレも、ランニングが問題解決能力に有益な効果をもつと記している。彼はこの効果をリラックスという考え方で記載している。「解決方法のいくつかは明白である。けれどもこれらの解決方法は、人がこれらを見出せるほど十分にリラックスしている場合にのみ、明白なのである」と。

しかし、わたしはこれが完全に正しいとは思わない。少なくともわたしの場合は、そうではない。まず、明白な点について言えば、リラックスするにはいくつもの方法がある。わたしはリラックスするのがとび抜けてうまい。とくにテレビ、心地よいソファー、ある程度質のよいワインが近くにあれば。残念ながら、困難な概念上の問題の解決は、こうしているときにはなされない。むしろ、走っているときに糸口が見つかる公算がずっと高いことから、リラックスよりも疲労の方が少なくとも何らかの役割を果たしていると結論せざるを得ない。一定の点までは——疲労が進みすぎると思考が死んでしまう——走る時間が長ければ長いほど、疲れれば疲れるほど、解決される公算は高くなる。ただし、これが機能するのは、リズムがまず落ちついたらの話である。だから、六ヶ月間走らなかった後にふたたび走りはじめ、復帰後二マイルで死んだような気分になり、これらすべての価値ある思考が降ってわいたように現われて、ここ何ヶ月も取り組んでいた問題のすべてを解決してくれると期待できる、といったものではない。物事がこのように進めば、ずっと簡単だが、実際はそうではないのだ。いま述べたような走りでは、考える以上のことはできない。しかも、ふつうは悪いことを考えるばかりで、思考はわたしと関係したがらない。その理由はたぶん、わたしの心が空白になろうとはしないからなのだろう。空白になるためにはリズムが必要で、リズムを得るには体の調子が良くなければならない。

このように、少なくともわたしにとっては、リズムと疲労という二つの重要な要因があるようだ。どちらも孤立しては機能しない。拠り所にできるような実証的な研究があまりないので、高度に認識的な機能への疲労の効果に関しては、推測に頼らなければならない。まず、脳の機能のしかたについては、適切と思われる一般的な原則がいくつかある。脳は習慣の生き物である。思考の同じ道をくりかえし通り、おなじ袋小路、行き止まり、通行止めの道を何度も訪れる。その理由は、脳が本質的には連想するマシーンだからだ。活動は連想を通じて脳の中に広がるのだ。過去において、脳のある領域の活性化が別の領域を活性化したとすると、これら二つの間に連想が築かれる。つまり、将来、ある領域の活動に別の事例が起こると、別の領域でも活動が起こる可能性が高いのである。人間には個人としても集団でも、考える際に同じ誤りをくりかえす傾向があるが、これは、脳がもつ連想的な性質の証拠である。

時には、脳に少しの間だけリラックスするよう説得しなければならないことがある。そして、脳が疲れていると、より容易に説得できるかもしれない。認知症やアルツハイマーにかかった人と話すと、そうした人々が失った記憶の規模よりも、残った記憶がどれほど力強く、生き生きしているかに感心することがよくある。遠い昔の記憶、一つの人生を経てきた記憶が、まるでちょっと前に新しく生まれたかのように、もう一度覆いをとられて出てくるのだ。かれらの脳がリラックスし、連想が分解する。わたしたちはこのプロセスの中で、それまで隠されていたものがその覆いをとられて出現するのを発見する。これは、疲労がわたしの走りのリズムの中に入りこみ始めるときに起こることと同じようなものなのではないかと思う。空白は、脳がリラックスするサインなのだ。ただし、全般的なリラックスではなく、毎日の活動義務へのかせがゆるめられるだけだ。脳の活動を導いていた連想が、少しだけゆるめられるのだ。こうして脳は、慣れ親しんではいても無益だった道や行き止まりをある程度までは後回しにして、心のこの新たな砂漠景観で、思考が覆いをとられて出現する。輝かしく、汚れにまみれていない思考が。

とくにこのトピックに関係する実証研究が一つある。神経学者のショーン・オニュアレインはチベットの仏教僧侶たちを調査して、超越的な精神状態と四〇ヘルツ前後のガンマ振動の相関関係を示した。だが、それだけではない。彼はまた、僧侶たち、少なくともこの種の瞑想に熟練した僧侶たちが、脳の状態をそのエネルギー消費が通常よりも低い割合、ときにはほぼゼロ近くなるようにする能力を共通してもっている、と述べている。彼のいう「ゼロパワー仮説」によると、脳の低出力状態は無私の状態に相当し、より高出力の状態は自己体験に相当するという。ガンマ振動は低出力の状態でより多く見られる。

この研究は、考えること、もっと正確には、思考をもつことにおいて疲労が果たす役割を強く示唆している。身体の集中的な活動の結果、脳が低出力の状態をとるのだ。この原則は、たらふく食べたあとに眠くなるのに似ているかもしれない。消化を促すために、血液が腸に流され、その結果、脳に行く血液、そして酸素は少なくなるのである。長距離走で苦しい段階に達すると、あらゆるエネルギーは、片足をもう一方の片足の前に踏み出すことに向けられなければならない。これを埋め合わせるために、通常は体のエネルギー供給全体の二〇パーセント以上を消費する脳は、オニュアレインが記載したような形で低出力状態に入るのだ。その結果が、「無私」状態である。考えるという活動はふつう、自分がそれをしていると意識するものだ。長距離走では、自分が考えているということを意識しない。自分自身の把握が弱くなるからだ。そこでは、考えるという行為に代わって、思考（考え）、わたしのではない考えが、どこからともなく訪れる。どこか知らないところから来て、どこか知らないところに消えてゆく。

思考は独自の時間に合わせてやってくる。そして、独自の時間がどのようなものであるかといえば、脳の全体的な出力の低下とむすびついた、ガンマ活動の増加なのではないだろうか。左の前頭皮質、左の頭頂皮質、右の小脳には、高度に統合された活動があり、これが一種の疲労とむすびついていて、疲労が日常生活の通常の連想を十分に分解させるのだ。その結果が一種の空白状態、心の中にできたクリアリング［森の中の光が当たる空き地］で、ここに思考が遊びにやってくることができるのだ。これこそが、なぜこれが起こるのかの理由なのかもしれない。もしかしたら、そうでないのかもしれない。けれども、わたしにとっては、なぜこれが起こるのかよりも、これが実際に起こるということの方が重要である。

話すということは、思考と正反対をなす。それでわたしは、話さないイヌたちと走る。しかも、イヌたちはそれ以上のことをしてくれる。イヌたちは走りを増強してくれる。走るリズムを強め、走りの本質を高めてくれるのだ。わたしのハートビートは、そばを走るイヌたちのハートビートによって強められ、わたしの呼吸はイヌたちのそれで強められる。わたしの足のサッサッサッという音は、イヌたちのピッタピッタピッタという足音と、首輪のチャッチャッチャッチャッという音で拡張され、強調される。これは走ることのハートビート、わたしの内側ではなく外側で鼓動する心臓だ。そして、走るという作業がなされたとき、わたしはこのビートするハートの中に消える。この瞬間、考える行為がストップして思考がはじまるこの瞬間がくる前は、わたしは本当に走っているとはいえず、ただ動いているだけだ。動きが走りに転換する瞬間、これこそが、思考がプレーをするようになる瞬間だ。

ミュンニズ・マインでのあの日はたぶん、わたしがはじめて走りのハートビートを経験した日だった。わたしの内側ではなく外側で鼓動する心臓だ。この経験がいくつかの重要な点において、わたしの人生を形づくるようになるとは、そのときも、その後の何年間も理解できなかった。ランニングのハートビート経験は、プラトンなら「善」と呼んだであろうものがもつことのできる、もっとも力強い経験の一つをすることだ。走りのハートビートが、子どもが一番よく知っているような価値をわたしにふたたび教えてくれるまでには、何年もの月日がかかった。人生とはこの価値——これを失ってしまったおとなはある重要な意味で衰えた存在になってしまったのだ——を必要とする類いのものだという観念は、ブーツとあの日、石の山で走ったときに、わたしが知り得たはずのものではない。あの日、南の方に横たわる明るいブルーの海の上で太陽が踊ったように、走りのハートビートから来る思考は、わたしの心があった場所で躍動するばかりであったのだ。

3 走るために生まれる　一九九九

　どの走りも独自のハートビートをもつ。このことを年月がわたしに教えてくれた。ハートビートは走りのエッセンス、つまり走るとは本当は何なのかということだ。そして、このハートはわたしの内側ではなくて、外側でビートする。バックビート［ロック音楽のリズムの一つ。四分の四拍子で二拍目と四拍目にアクセントがおかれる］があらゆるものに充満している。突風がうなり声をあげて耳に轟く。わたしはアイルランドの南海岸のまん真ん中、キンセールのラトモア半島におり、風がわたしの一歩一歩についてくる。引いては満ちて、決して安定することはない。ヒュー、静けさ、ヒュー、静けさ。そして、わたしといっしょに群れがいる。オオカミのブレニン、ブレニンのイヌ友であるニナ、そしてある雌イヌとの間にできたブレニンの娘、テスといっしょに走っている。十二本の足のパッパッパッ、四八本の爪のクリックリックリッという音で、エナメルのメトロノームが、ひびわれて色あせ、でこぼこしたタールマック舗装の上を進む距離と過ぎ去る時間のビートの拍子をとる。そして三頭のパンパンパンという呼吸と三本の鎖が鳴らすチャッチャチャッチャチャッ。これらすべてがヒューという風の音と静けさにとけ合っている。

狭くて曲がりくねった田舎道には車はほとんど走っておらず、わたしは群のしたいようにさせることができる。ただし、これは多少なりともで、わたしの後ろならどこでもよいが、絶対にわたしの前に出てはいけない。これがルールだ。このルールは、だれが群で優位にいるかの問題ではなくて、単に安全のためである。いずれにしろ群はわたしのリズムに合わせ、わたしのそばで難なく地面の上を浮かぶように走る。いや、それ以上だ。この動きは流動的で、常に変化している。道沿いの灌木列の茂みには花が咲いている。夏の灌木は高く天に向かって伸び、生命に満ちて、さわさわと揺れている。カサカサという獲物の望みがありそうな音がする。小型のネズミだろうか、それともジネズミ、ウサギ、ドブネズミかもしれない。まず、ブレニンが群をとび出して、イヌ科動物の希望を具体化、厳密化するように、キンポウゲやシャクが咲く下生えの中に前足を突っ込むと、茂みの中にしっぽまで姿をかくした。それから、口には何もくわえずに、ふたたび群のリズムにもどった。走る全コースで何度もくりかえされる、このような離脱と回帰は、ハートビートの一部である。

わたしたちはいま、ウサギが住んでいる場所の近くまでやってきた。角を曲がって四〇〇歩進めば、灌木列が野原へと開けるところに出る。入り口の目印は、わたしたちがこの地に来る前からあった、二つの巨大な干し草俵だ。俵の間にウサギの繁殖地があり、今日もウサギたちはアイルランドの夏の、かすんで控えめな太陽をできるだけ利用している。この地方の太陽はせいぜい控えめにさすだけなのだ。わたしたちが角を曲がると、群が興奮しはじめるのを感じる。まだ三〇〇歩は離れているのに、かれらはもっと速く走るよう、わたしを説得しようとしてしだいにプレッシャーをかけてくる。ブレニンは鼻をわたしの前に出して、顔色をうかがう。「下がれ！」とわたしは怒鳴るが、内心ではニヤリとし、親指を突き立てる。数秒後、今度はニナが同じことをする。これは戦略で、一頭ずつ、次々とわたしをテストするのだ。「待て！」とまたしてもわたしは怒鳴る。そして、ちょっとの間かれらをじりじりさせた後、ついに緊張を解除する。「進め！」と叫び、わたしたちは俵までの残りの距離を疾走する。これはスピードを上げる練習の楽しい方法だ。わたしにはこれが必要だ。

わたしが皆からみじめなほど引き離され、やっと俵に着いたときには、群は目の前でばらばらに散っていた。ブレニンはあちらに、ニナはこちらに、テスはまた別の方向にと走っていく。そして追跡、跳びつき、すべりの狂乱が展開する。これらは無駄に終わる。このレースで傷ついたウサギは一匹もいない。もしかしたら、ウサギたちには道沿いに轟くわたしたちの足音が聞こえ、わたしたちが到着する前に、忍耐強く、驚きもせず、もしかしたらちょっと面白がりながら、巣穴のそばで待ち構えていたのかもしれない。わたしには知る由もない。わたし自身はと言えば、背中を丸め、息切れがし、しばしば吐き気に襲われながらも、意気昂揚とするのが常だ。群はわたし目がけていっせいに走ってくる。舌をたらし、目を興奮で輝かせながら、「楽しかったよ」「明日はもっと運がいいかもしれない」とでも言うかのように。数分後、わたしたちは道に戻り、群の穏やかなリズムがまた支配する。

二七歳のとき、いささか馬鹿げたことをした。実際、その年にはたくさんの馬鹿げたことをしたと思うが、覚えているのはこのことだけだ。この出来事がその後の人生のコースを、決定的に形づくったからだ。ブレニンに最初に出会った――そして手に入れた――とき、わたしはアラバマ大学で哲学を教える若い准教授だった。ブレニンは生後六週間の子オオカミで、小さな可愛いテディーベアのようだった。オオカミという名目で買ったのだが、オオカミとイヌの交雑犬だった可能性はかなり高い。

いずれにしろ、ブレニンはすくすくと成長した。

次の写真は、アラバマを離れて数年後に撮られたものだ。実は撮影場所は、今日のランニングで通り過ぎる場所の一つ、キンセールの二、三マイル外にある小さな村、サマーコーヴのチャールズ・フォート〔アイルランドにある要塞〕だ。ブレニンは、根無し草で落ち着きのない哲学者とともに生きなければならなかった結果、とてもコスモポリタンなオオカミになった。わたしといっしょにアラバマからアイルランド、イギリス、そして最後にはフランスへと移った。この写真を撮った日はわたしの三五歳の誕生日で、ブレニンは七歳ぐらいだった。

ブレニンとの最初の走りは短距離ではあったが、まったく事故がなかったわけではない。この走りは、居間から寝室、書斎、もう一つの寝室、何のために使うべきか最後までわからなかったもう一つの部屋、キッチン、小部屋へと進み、それから家を出て、最後には家の下というコースをたどった。このときのわたしは、ブレニンと走るというよりも、ブレニンの後を走ったという方が近い。その日、わたしはブレニンを買い、ブレニンを我が家に迎え入れようとしていた。ブレニンの最初の行為は、すべての部屋のカーテンをひきずり下ろすことだった。次に、たまたまドアが開いていた裏口から中庭に出て、これまた開けっぱなしになっていた別のドアから地下室に入った。地下室には、エアコンから冷気を屋内に送る、やわらかい断熱材でおおわれたパイプがあった。ブレニンはこのパイプをすべてひきずり下ろした。この二分間の行為だけで、わたしには五

〇〇ドルがかかった。一時間ほど前には、彼を買うのに五〇〇ドルかかったばかりだ。両方合わせると、当時の年給の一二分の一近くになった。

ブレニンは遊び好きな子なのだ、と思われるだろう。けれども、成長するにつれて円熟したわけではない。どちらかといえば、もっと悪くなった。ブレニンには、いわばある種の特異性があった。二、三分間以上ひとりにしておくと、顎が届くものなら何でも壊した。肩高が九〇センチほどまで成長したとすると、天井にネジで止め付けられていないものなら、ほとんど何でも壊すということになる。ブレニンが退屈しやすかったのか、ひとりにされるのを怖がったのか、閉所恐怖症だったのか、これらすべてが色々に組み合わされたのか、わたしにはわからない。いずれにしろ、結果的には、ブレニンはわたしが行くところにはどこでも付いてこなければならなかった。ブレニンを講義にも連れていった。講義のあいだブレニンは、教室の隅に横たわって、眠っていた。たいていの時間は眠っていたが、そうでないときには、事態は面白いことになった。デートのときは、ブレニンはオオカミの姿をしたお邪魔虫となった。こうして、一〇年以上の間、ブレニンとわたしはいつでもどこでも一緒だったのだ。

ブレニンの破壊的な気質とむすびついていたのが、無限のエネルギーである。ブレニンが子どもの頃、そして若いオオカミの頃は、ゲームをするのが好きだった。わたしがすわっているソファーやアームチェアのクッションをひっとらえると、庭へと走り出るのだ。その後ろをわたしが追跡する。つまりは追っかけごっこで、ブレニンはこれが大好きだった。だが、成長するにしたがって、このゲームを改良することにしたらしい。ある日、書斎にすわっていたわたしは、裏庭に通じる部屋から聞こえてくるドタンバタンというやかましい音で、思索を中断させられた。ブレニンは、クッションをアームチェアからとって庭に出るよりも、残りのアームチェア自体を運び出す方がおもしろいと判断したのだ。ドタンバタンという音は、ブレニンの顎にしっかりはさまれたチェアーがくりかえしドアの枠にぶち当たる音だった。まさにこの瞬間、わたしは、ブレニンの体力を常に消耗させておくほかない、と判断したのだと思う。こうして、毎日の散歩が、毎日いっしょに走る習慣へと変わった。

以上が、少なくともおとなとしてのわたしのランニング生活が、どのようにして、いつ、なぜ始まったのかという事情である。その後、わたしたちは海を渡って引っ越した。群のメンバーも倍になった。それでも、わたしたちのランニングは、あの日アラバマ州のタスカルーサで、アームチェアがドアの枠にドタンバタンと打ちつけられたことで始まったのである。

アリストテレスは、存在するものすべて――事物、人間、出来事、状態、あるいはプロセス――には四つの原因があると述べている。アリストテレスの言う「原因」は、わたしたちが「説明」とでも呼ぶようなものを意味する。すなわち、存在するものすべて――わたしのランニングも例外ではない――は、四つの異なった方法で説明することができる。問題となることを理解するには、これらの方法のすべてを理解する必要がある。ブレニンはわたしのランニングにとって、アリストテレスが「作用因」と呼んだはずのものである。あることの作用因とは、そのことの直接的な起動力である。この議論で哲学者がよく使う例をもち出すなら、ビリヤードであるボールが別のボールに当たって、そのボールを動かす場合、最初のボールの動きが二番目のボールの動きの作用因である。無限のエネルギーと破壊欲――その限界をわたしは試したいとは思わない――をもつブレニンは、わたしが走りはじめたこと、そして毎日、雨が降ろうと日が照ろうと、屋外に出て走りつづけたことの作用因なのである。

ブレニンが四歳ぐらいのとき、わたしたちはアメリカのアラバマ州から、アイルランドのコーク州に移った。ここでブレニンはすぐに他の作用因といっしょになった。ブレニンはアイルランドに着くと、まず六ヶ月間は検疫所に入らなければならなかった。これはペットのパスポートといったものが導入される以前のことで、英国政府もアイルランド政府も、一八八五年にルイ・パスツールとエミール・ルーによって〝最近〟開発された狂犬病ワクチンに追いつく時間がなかったようだ。ブレニンが解放されたとき、わたしは彼の生涯の後半をできるだけ良いものにしようと誓い、わたしよりもたくさんの脚と冷たい鼻をもつ友だちをもたせることにした。その結果がニナという、ジャーマン・シェパードとマラミュートの両親から生まれた雌イヌである。

上のニナの写真は、ノックダフ・ロッジで撮影された。このすきま風の入る、荒れ果てたコテージをわたしたちはシェアしたのだ。ニナはまだとても若いイヌで（鼻は早熟にもグレーになっていた）、ここでは完全に「わたしを走りに連れていって！　さもないとあんたを殺すことになるわよ」モードになっていた。

ニナが仲間に入ってから数年後に、ブレニンは自力で群を大きくすることを一方的に決めた。二、三マイル離れた所での、白いドイツシェパードとの禁じられたランデブーの結果、六三日後にテスが生まれ、その約五週間後に我が家に来て群に加わった。テスは多くの点で父親に似てきた。毛の色は褐色というよりはグレーに近かったが、父親がだれなのかははっきりわかった。ブレニンをもっと柔和で穏やかにしたヴァージョンという想い出がある。おもちゃのオオカミ、美しいけれどやや丸っこくて、ちょっとだけフワフワしすぎといったところだ。テスは父親のような鋭く角ばった輪郭をもつことはなく、毛も剛毛ではなかった。本物のオオカミになるにはやや可愛すぎ、エレガントで内気で、安楽なことが好きだった。テスには攻撃的なところがなく、ある時わたしは、ジャックラッセル・テリアにかみつかれたテスを救い出さなければならなかった。この出来事はひとえに、ニナのあくなき努力の結果だった。年長のニナは群のアルファ雌で、この地位を保持するためには努力をおしまなかった。テスが権力を少しでも主張しようとすれば、ニナによって容赦なく踏み消された。もし、テスが小さなテリアに抵抗して攻撃していたら、ニナも闘いに加わったであろう——ただし、テスの側ではなく敵の側に。それでも、次の写真からもわかるように、かれらは最良の友だった。

この写真のテスは生後六ヶ月ぐらいで、まだ成長の余地があった。すっかり成長したときにはニナよりも少し大きかったが、だれもが、テスはニナよりずっと小さいと思っていた。

ニナもテスもブレニンを崇拝していたようだ。少なくとも、ブレニンのすることなら何でもまねをした。これは純粋な幸運などとはまったく違う。もし、わたしがブレニンをひとりにしておいたら、ブレニンはわたしの家もすべての財産も食べてしまっただろう。だから、かれら三頭が集まったらどれほどのことをやってのけるか、想像がつこうというものだ。こうして、毎日のランニングは新たな緊急性をもって、続行されなければならなかった。

わたしが走りはじめ、そして天候にも体調にもかまわずに毎日走りつづけたことの作用因は、ブレニン、ニナ、テスだった。こうしなかったら、ひどいことになっていたはずである。わたしが深刻な病気にかかるとか四肢の一本を失いでもしていたら、一日ぐらいは休みが許されたかもしれない。それでも、その後はモーターつきの車椅子に乗って綱を引いてゴロゴロころがることを、かれらはわたしに期待したに違いない。この動物たちは走る必要があり、どんな言い訳も受け入れないのだ。ただし、アリストテレスが正しいとすれば、何かを理解するには、作用因だけでは足りない。彼はこう書いている。

「原因」というのは（a）ある意味では、あるものが存在した結果、何かが存在するようになることで、たとえばブロンズ像のブロンズとか銀盃の銀がそれである。（b）別の意味では、パターンや形、つまり本質的な公式、そしてそれを含む等級である。（c）転化または静止の最初の始まりの源である。たとえば計画する人は一つの原因であるし、父親は子どもの原因、そして一般に、生産するものは生産されるものの原因であり、変化させるものは変化するものの原因である。（d）「終わり」と同じ、つまり目的因である。たとえば、散歩の「終わり」は健康である。

ここでは、作用因という考え方は（c）に入る。ブレニン、ニナ、テスは、父親が子どもの原因であるのとおなじように、わたしのランニングの作用因である。あるいは、アリストテレスが好んで使った例の一つ、彫像を例にとれば、作用因は、大理石のかたまりをノミで掘り削る彫刻家ということになる。ブレニン、そして後にはニナとテスはこの意味では、わたしのランニングの彫刻家である。カウチポテト［ソファーにすわってテレビばかり見る人］を彫りけずって、その下に隠されていたランナーを明るみに出したのだ。しかし、彫像を理解するには、これについてもっと理解する必要がある。アリストテレスが彫像の「質料因」と「形相印」と呼んだものも、理解する必要があるのだ。彫像の質料因は、その彫像が作られた材料、つまり大理石のかたまりやその他、彫刻家が使う物質である。彫像の形相因とは、その形相や原型、つまり、オオカミ、イヌ、人間その他、何の彫像なのか、ということである。彫像のようなものを理解するには、だれが、または何がそれを作るのか（作用因）だけでなく、それが何で作られているのか（質料因）、そして、何が作られようとしているのか（形相因）をも理解する必要があるのだ。

もちろん、抽象的な走りというものはない。走者が走る、すなわち一定の物理的な物体がその位置を変え、AからBへと一定の方法で動くという具体的な出来事があるだけである。わたしのランニングの質料因と形相因はわたしの中で合体する。質料因はわたし、マーク・ローランズという肉のかたまりである。わたしのランニングの形相因は、この肉の組織のされ方である。けれども、このされ方とは正確には何なのだろう。

アリストテレスは人間を合理的な動物だと定義した。その逆を示す少なからぬ証拠があるにもかかわらず、わたしたちはアリストテレスにならって、自分たちを賢い人《ホモ・サピエンス》とみなしている。もちろん、わたしたちには、自分の大脳皮質の発展結果を喜ぶ理由がいくらでもある。たいそう大きくて、堂々とした大脳皮質なのだから。他方では、ほぼ同じくらいの正当な根拠をもって、自分の大きくて堂々とした尻にも注目してよいはずだ。

ブレニンと走りはじめたとき、わたしは種《しゅ》の間のねたみの、いささか嬉しくない事例に苦しんだ。ブレニンは、わたしが絶対にまねできないほど優美で無駄のない動きで、地面の上を滑空した。遠くから見ると、地面の四、五センチ上で浮いているように見えた。一方、わたしは羽のない不格好な二足動物のサルといった有様で、鉛のように重い足で息を切らしながら、ドタバタとブレニンのわきを走っていた。この不幸については『哲学者とオオカミ』でかなりくわしくグチった。

とはいえ、もちろんこれはすべて相対的である。わたしはオオカミのとなりに立つと格好が良くないが、他のサルたちにくらべればそう悪くないのは本当だ。この場合の「他のサルたち」とは、人類以外のサルのことである。たいていの他の人間とおなじく、わたしはサル類の親戚よりは走るのがはるかにうまい。わたしの能力の増大に少なからぬ役割を果たしたのは、大臀筋である。ゴリラ、チンパンジー、オランウータンは臀部を発達させなかった。わたしのような大きな臀部をもっていない。わたしにはあって、サル類の兄弟たちにはないのは、大きな尻なのだ。わたしたち人間は、とてもよく理解できる理由から、自分たちの大脳に注目する。それができないときには、なみはずれて柔軟な親指に注目する。けれども、人間の尻こそが、人類の身体的な進化の頂点を飾るもの、他のすべてのことのために道を開いた決定的な形態の改良である、と主張できると思う。わたしたちが、他のサルたちのように拳の関節を地面につけて、こけつまろびつ、よたよた走るのではなく、直立して走れるのは、尻のおかげなのだ。木から地面に降りるのはたいへん良いことが、尻なくしては、その後にできることはあまり多くはないのだ。

わたしはもう、もし走らなかったら尻が消えてしまいそうな年齢に達している。消化管がより大きくなり、尻は平べったくなるはずだ。かつてはそうだったのだから。わたしは肩が大きく、いくらか毛深いので、ますますゴリラに似てくる。走らないと、少なくとも肉体的な点ではサルへと退化する。もし進化が大きな尻を考えつかなかったら、わたしはサルになっていたはずだ。ランニングは、わたしの中にある明確に人間的なもの、つまり大きな尻の人間性との接触を保ってくれるものなのである。

わたしにいつもついてくる連れはまた、わたしの生活にとって、自分の体がどれほど不適切にできているかを思い出させてもくれる。ヒト、あるいは少なくともヒトと認識できる大きな尻の先駆者が、化石の記録にはじめて現われたのは約二〇〇万年前である、農耕はほぼ一万年前まで見られなかったから、一九九万年もの間、わたしたちは狩猟・採集者だった。人類のこれまでの歴史を時計の二四時間だとすると、現代の定住性のわたし、一日の多くをすわって過ごし、他人の手で栽培・採取された食物を食べるわたし（そして、若い頃には他人の手で飼育・屠殺された食物を食べていたわたし）は、夜中の一二時の数秒前に生まれたということになる。

進化生物学者ローレン・コーデインその他によると、狩猟・採集をする男性はふつう、肉体的な活動で一日に体重一キロ当たり二〇〜二五キロカロリーを消費するという。現代の定住性のオフィス労働者が消費するエネルギーはふつう、一日に体重一キロ当たり五キロカロリーにも満たない。オフィス労働者の日程に三キロメートルのウォーキングを導入しても、エネルギー消費量は一日体重一キロ当たり、九キロカロリー未満までしか増えない。もっと激しい形の運動、たとえば時速一二キロで六〇分走るような運動を導入する場合にのみ、石器時代の祖先のエネルギー消費レベルを再現しはじめることになる。

言うまでもないが、わたしたちは進化プロセスの産物である。そして、進化は物事をなし遂げるのに、長い年月をかける。進化が、かつて考えられていたほどゆっくり進行するわけではないかもしれないにしても、一万年というのは、進化の尺度では一瞬でしかない。過去の一万年間にわたしたちの中に書き込まれたどのような生物学的な変化も、相対的には小さいであろう。したがって、わたしたちの体が現在のような定住生活向きには設計されておらず、少なくとも生物学的にはそのための備えが貧弱であると、結論せざるを得ない。尻がすわるためにつくられたというのは、よく言われる誤った概念である——広く普及し、執拗ではあるが、それでも誤りである。そうではなく、尻は走るためにあると思われる。わたしたちは自分の歴史を生きるときにいちばん幸せで、いちばん健康であり、それによって本来の自分になるのだ。

わたしのとなりを走るのは、この真実の生きた再現者だ。わたしたちは急な下り坂を走り降りる。この坂は左に曲がって、チャールス・フォートへとつづく。これは星形の要塞で、一七世紀に、アイルランドの多くのものと同様、これよりはるか昔にリングカラン城があった地点に築かれた。要塞はわたしたちのランニングルートのほとんどに入っており、走りのジェットコースターの最低地点をマークしていた。わたしたちが角を曲がると、壁の南と西、コックピット砦とデヴィル砦がわたしたちに迫り、これから先はスピーディーな展開になることを告げる。ただし、ノックダフの家への長い帰路のスタートをなす、東方向へのおそろしいほど急な登り坂が含まれていなければの話である。

この急な下り坂では注意しなければならない。ウェールズの諺に「老齢は一人ではやって来ない」というのがある。近年、老齢の始まりはふくらはぎの問題といっしょにやって来た。この坂を下る間に七回〜一二回ぐらい、体重が一歩一歩にかかるため、わたしの左のふくらはぎは過去六ヶ月間に数回は肉離れを起こした（回復するまでの間、動物たちの運動のために、マウンテンバイクを買わなければならなかった）。いまや新しいランニングシューズと新たな注意深さで装備して、かつての突進降下から、そろそろ歩きへと形を変えた。坂の下までたどり着き、デヴィル砦の影の中で（この言い方が正しければだが）リラックスし、そして家に向かって坂を上がる準備をする。

ニナはシェパードの模様をもっているが、がんじょうで筋肉のついた肩と樽のような胸は、牽引用にブリードされたイヌのようだ。ニナは事実上、オオカミの国で起こった大きな分割の産物である。この分割は現在の推定では、一万五〇〇〇～三万年前に起こった（そう、現在の推定はこれほど正確なのだ）。この分割はランダムな突然変異と自然選択によるものだ。なぜこれが起こったのかは定かでないが、もっとも妥当な説は次のようなものだろう。一部のオオカミは、単なる遺伝的な変異の結果、逃避行動の臨界距離が短くなった。つまり、こうしたオオカミは平均的なオオカミよりも、この新しい奇妙な、尻の大きなサルの接近に耐えることができた。その結果、これらのオオカミは明らかな危険にさらされると同時に、用心深いオオカミでは得られなかったある種の機会に遭遇した。サルの食べ残しに特殊化しはじめ、もはや捕食動物ではなく、スカベンジャー［腐肉食動物］になったのだ。このようにして、一部のオオカミは、尻の大きなサルをどうせ打ち負かすことができないのなら――事実打ち負かせないことが明らかになる――仲間になるべきだということを初期に学んだ。

その後の話は語るまでもない。ちょっと考えただけでも、この進化的な戦略が信じられないほど成功したことがわかる。地球上に存在するイヌの数は四億、オオカミは四〇万。この数の違いは、かなり決定的な証拠である。ニッチが新しくなったために、イヌは一定の、相対的には小さな形態的な変化を経験した。頭が体の大きさに比していくらか小さくなった。ふつう、スカベンジャーの脳は捕食動物のそれよりも小さいのだ。それでも基本的には、イヌとオオカミは同じである。一万五〇〇〇～三万年という年月は、進化にとっては朝のコーヒーを飲み終える時間にも満たない。決定的な生物学的改良をするなど言わずもがなである。だからこそ、一九九三年からは、オオカミとイヌは同一の種に分類されているのである。

スカベンジャーにとって、ランニング——わたしたちがいっしょに走っているような群のランニング——は何の役に立つのだろうか。人間が出す残り物に特殊化したスカベンジャーにとって、高スピードの短距離突進がなぜ有益なのかはわかる。人間は予想不可能な動物だからだ。けれども、何マイルもの長距離をメトロノームのようにトロットすることが、これらの動物にとって何の役に立つのだろう。これが何の役にも立たないというのなら、ニナはどうしてランニングがこうも好きなのだろう。玄関から急いで跳び出して、これから起ころうとしていることを悟ったときの、ニナのあのあふれるほどの興奮はなぜなのだろう。

それはニナの品種のせいだと思われるかもしれない。ジャーマン・シェパードは牧羊犬として、マラミュートはそり引き用にブリーディングされた。両方の作業には多分にランニングが含まれる。それは本当だが、これだけが理由のすべてとは言えない。走ることへのこのような愛は、品種とは関係がない。人間というオーナーによってダメージを受けなければ——周知のようにこれはまれではない——イヌは走りたがる。グレーハウンドであろうが、プードルであろうが、走るということが何なのかをいったん知れば、イヌは走るのが好きになるのだ。

本当の答えは、ニナや他のすべてのイヌが、もっと古いものを基礎にしてつくられたということにある。ニナというイヌをなすものの若干部分はこの一万五〇〇〇～三万年の間につくられたが、それよりももっとたくさん、はるかに多くの部分は、それ以前の何百万年もの年月がつくり上げてきたのだ。たしかに、わたしが餌をやるとニナは喜ぶ。すきま風の吹くコテージの暖炉の前におかれた寝床も好きだ。けれども、ニナがいちばん幸せなのは、ウサギをさがして、興奮で満たされながらあの小道を走るときだ。ニナはいまだに根本的にはオオカミなのである。オオカミ的なことをするときがいちばん幸せで、もっとも能力を発揮するのだ。

ニナもわたしも、はるかに昔のものを基礎にしてつくられている。わたしは理性をもった動物かもしれないが、それでも動物である。そしてわたしという動物は、この一万年間につくられたのではなく、それより前の何百万年間につくられた。この群と走るのは、わたしの人間性のもっとも明瞭で可能な表現である。実際のわたしと、わたしだと思われるものとの完全な調和である。突風にさらされ、曲がりくねって起伏の多い田舎道をオオカミとイヌとともに走るとき、わたしは、わたしの質料因と形相因へと回帰する。走るために設計された、尻の大きなサルへと。

走っているときに湧いてくる思考――これはランニングのもう一つのお伴だ――は、いつもまったく真剣《シリアス》なものだというわけではない。だからといって、それが悪い考えだとはかぎらない。パロディーめいた思考が最高な考えである場合もある。その思考が教えてくれることの故にではなく、それが示唆していることの故にだ。大きな尻のサル仮説は、明らかにこれに当てはまる。

作用因、形相因、質料因による説明は、すべて歴史的な説明の類いである。作用因を強調すれば、歴史はとても新しい。ブレニン、ニナ、テスの破壊的な努力の成果は、わたしの最近の歴史を生み出した出来事である。焦点を形相因と質料因にシフトすると、歴史ははるか昔になり、肉のかたまりを遠くまで走れるものへと形づくった、生物学および文化的な力の中に存在する。それでも、最近であろうが遠い昔であろうが、近くても遠くても、焦点は、過去における何かで現在へとつながってきたものにおかれる。大きな尻のサル仮説にパロディーの雰囲気があるということは、こうした種類の説明がいかに問題を含みがちかという点への、重要な手がかりを出している。

大きな尻をもつサル仮説は、わたしの思考がときにするひとり遊びゲームから生まれた。「自分ははるかにもっと古いものを基礎につくられている」ゲームである。しかし、このゲームをいったん始めると、なぜ、そしていつ、止めるべきかがはっきりしなくなる。たとえば、わたしたちが樹上から地上に降りたときには、わたしたちは捕食動物というよりも、スカベンジャーだった。それなら、なぜ自分のことを、真に走るために生まれてきた動物たちが残した腐肉を食べる、内気で悪賢くてせかせかした動物以上の、走るために生まれた大きな尻のサルとみなすのだろう。もっと以前、樹上から降りてくる前は、わたしたちは木にぶらさがって、物をつかむ動物だった。なぜわたしは自分のことを、ぶら下がるサルを越えた存在、ぶら下がるサル以上の、走るサルだとみなすべきなのだろうか。これは時間的な近さなのだろうか。わたしは時間的には、腐肉を食べたり、ぶら下がったりするサルよりも走るサルに近いのだろうか。けれども、決め手が時間的な近さなのなら、なぜわたしはカウチポテト・サルではないのだろうか。他人を操作する鋭い知能を発達させて、これを使って他人に食物を見つけてこさせるサル、本当にすわるために大きな尻をもつサルだ。いつかはこの「自分ははるかにもっと古いものを基礎にしてつくられている」ゲームを、論理の頂点に行きつくまで遊んで、どこで自分が終わるかを見届けなければならない。

たとえ、この問題をめぐる一つの道があるとしても、たとえ、わたしというものの成り立ちにおいて、狩猟するサルを優遇する正当な理由があるとしても、別のもっと一般的な問題もある。「自分ははるかにもっと古いものを基礎にしてつくられている」ゲームは、生物学的な歴史がわたしというものの問題への明白な答えを出せると仮定している。しかし、もし答えが出てこなかったら、どうなのだろう。その代わりに、わたしの生物学的な歴史が、わたしというものは多くの異なる事ごとの混乱した寄せ集めであるということ、そこから生じる全体はほとんど生存不可能で筋の通らないものだということを明らかにしたら、どうなのだろう。進化が何らかのもの、たとえば尻、脚、足などをもたらすのなら、それらが何であれ、目前にある仕事のために完璧に設計されているだろうと考える人がいる。このような考え方は、進化が生命の設計者というよりは、生命の便利屋のようなものだということを忘れている。適正能力が疑わしくて、間違いばかりをし、おまけにケチな顧客のために働く便利屋だ。こっちにちょっとペンキを塗りつけ、あっちにちょっとペンキを塗りという仕事ならできる。けれども、この便利屋には、現存の構造を本質的に変更することは許されていない。これこそが、進化が常におかれている地位である。けちな顧客とは生存のたとえだ。存在する構造——現存する生物——を変更しすぎれば、その生物はまさしく、生きていけなくなる。主要な構造上の変化がなされている間に、一時的に組まれた足場を生命というハリケーンはさっと片付けてしまおうとするのだ。変化は常に小さくなければならない。小さなことを徐々に増やして行くのが、ゲームなのである。

ある魚の進化を例にとってみよう。この魚は海で幸せに泳いでいたが、環境の状況が変わって、長い時間を海底の砂の中に体を隠して横たわって過ごす方が得策であることがわかってきた。そこで、この魚は砂の上に横たわり、体のカモフラージュのために、体型がだんだんに平たくなってきた。では、一日じゅう濡れた砂の中に埋まってしまう片方の目はどうすればよいのだろうか。そのままなら、何の役にも立たない。そして、すべての条件が等しいとすれば——大きな進化の枠の中では、そういうことはほとんどないが——魚は捕食者や獲物を見るのに使える目を二つもつ方が良い。ここで進化には二つの選択肢がある。一つは、新しい目を発達させるという方法だ。だがこれにはコストがかかる。多くの肉体と神経の資源をこの戦略に投入しなければならないからだ。もう一つは、使われていない目を、すでにもう片方の目がある場所に配置する方法だ。こちらの方がコストはずっと安い。進化はこちらの方法をとった。ヒラメ・カレイ類の奇怪にねじれた顔は、その進化史と、そこで具体化されたきわめて節約的な解決法を示す証拠である。ほとんどの時間を砂の中で過ごす魚では、腹側にあったはずの目がよじれて、背側に配置変えされるのだ。進化はこのようにして起こる。白紙の上で起こるのではなく、すでにあるものを修繕できるだけなのだ。

したがって、樹上性の動物の一部が、おそらくは環境の状況にうながされて、あるいは必要に迫られて、より多くの時間を、危険ではあるが潜在的には有益な地上活動に費やすようになった、と考えなければならない。なぜこれが起こったのかは、だれにも本当にはわからない。樹木が提供する食物——葉、ときには果実——が適切な栄養をもたらさなくなったからだ、と推測する人がいる。あるいは、体が大きくなりすぎて、木がもはや捕食者から適切に身を守ってくれることができなくなったからだ、と主張する人もいる。わたしたちの体重を支えられるほどの枝なら、捕食者をも支えられたはずで、木登りでは身を守れないからだ。理由は何であれ、地上を動きたがるサルに生存の機会をあたえるニッチが開かれたわけである。ヒトの祖先は、最初は川岸の林縁で生活していたが、だんだんに行動領域を広げていった。この段階的な拡大においては、祖先の中でも、大きくて力強い脚——その脚に力をあたえ安定させる尻がなくては大きな脚は役にたたない——をもつ祖先は、脚が弱くて尻の小さい祖先よりも生存率が高かった。こうして、大きな尻の遺伝子が増え、今日のわたしたちへと伝達されているのだ。

ところが、ここには欠点がある。大きな尻はいまだに、本質的にはサル的な二本の脚の結合点であり、脚の先端には、本質的にはサル的な二つの足がある。進化は便利屋であって、設計者ではない。進化は与えられたものを使って仕事をしなければならない。明らかに、進化は脚と足も使って仕事をしてきた。現代人の脚や足は、ヒトとサルの共通の祖先がかつてもっていたものとは非常に異なる。それでも、進化は与えられたものを使って、たとえそれが設計上は厳密には完璧ではなくても、それを使って仕事をしなければならない。だから、間違いも予想しなければならない。この新しい、ターボチャージされた尻がさせようとしていることを、脚と足がこなせるようになるかどうか、保証はない。保証からはほど遠いのだ。そして、たとえ一部のヒトのサル的な脚と足がそれをこなせるとしても、それがわたしたちすべて、あるいはたいていの人に当てはまるという保証もない。

結局のところ、「走るために生まれてきた大きな尻のサル」仮説は一種の信仰を動機にしている。けちなクライアントから出されるコスト・メリット問題のために、進化が完璧な解決策を見つけてきたことへの信仰だ。この信仰はあらゆるものについて、とくに盲目的な生物学的プロセスについて多くを要求する。長い時間軸で見れば、進化は物事を多少なりとも正しくなし遂げる傾向がある。しかし、この「大きな尻をもってサル的な脚と足で走るもの」は、進化の歴史の中では、出現したばかりの新しい存在だ。心臓とか肺、血液などとは異なるのだ。進化がこれらの器官がもつ問題を解消するための時間はたっぷりあった。こうしたことには時間がかかる。もし進化が、人類を生み出すために用いた戦略についての問題を包括的に解決するために、十分な時間をかけていたとしたら、むしろ驚きに値する。わたしたちは生物的なレベルでも、破損した生き物なのかもしれない。わたしたちは走るために生まれたのだろうか。適切な距離をとった進化的な見地に立てば、わたしたちは多くのことをするために生まれたのだろうが、それらのすべてで完全に首尾一貫しているわけではないのかもしれない。わたしたちはみな、雑種なのだとも言える。あらゆる生命がそうなのだ。

あらゆるものの説明の四番目、アリストテレスにとってもっとも重要なそれは、「目的因」すなわち「なぜ」である。何かの「形相因」はそれが何なのかを語る。「質料因」はそれが何でできているかを語る。「作用因」は何がそれを起こしたり、つくったのかを語る。最後の原因、アリストテレスが「目的因」と呼んだ原因は、なぜそれがつくられたのかを語る。あらゆるものの目的因はそれの理由なのだ。目的因は活動の目的、なぜその活動が行なわれるのかという理由である。

わたしはすでに、走ることの目的因を説明したように見えるかもしれない。家と家財道具を最初は一頭、次には二頭、その次には三頭の破壊的なイヌ科動物の顎から救うために走るのだ。これはたしかに、わたしが走る目的のように見える。わたしの群、そしてかれらの破壊的な気質は、わたしが走るための起動力となる。かれらは作用因なのだ。そこで、走る目的はというと、かれらを十分に落ちつかせて、わたしがいまだに本当に所有しているわずかなものを食べてしまわないようにすることとなる。わたしが走る目的因は、まだ残っている所有物を守りたいという欲求にもとづいている。もし、わたしがこれらの所有物に無頓着だったら、たとえばブレニンがソファーに穴を開けるかどうか（これは起こった）、テスがほとんど新品のテレビの電源コードを噛み切るかどうか（これも起こったが、ありがたいことにコードはそのときコンセントに差し込まれていなかった）、あるいはニナが部屋を区切る壁に、自分が通れるほどの大きさの穴をかじり開けるかどうか（これも起こった。ただし、この行為の責任をニナだけに着せるに足る十分な証拠があったかどうか、確信がない。ニナは単に現行犯で捕まっただけである）を気にしなかったら、群の気質はわたしが走る理由にはならなかったはずである。

けれども、これはわたしのランニングの目的因を説明しているだけで、ランニング自体の目的因を説明しているわけではない。これがわたしのランニングの目的因だとすれば、他の人はこれとは異なった目的因をもつだろう。そもそも、どれだけの人が、自分の所有物にオオカミとイヌの群が触れないよう説得するために走るだろう。健康のために走る人がいる。オフィスのストレスや、それどころか家族によるストレスを発散するために走る人もいれば、ランニングが交友関係の機会をつくってくれるから走る人もいる。レースに参加して、競争したりメダルをもらったりするのが好きで走る人もいる。厳密にわたしだけに焦点をあてても、先にあげた特殊な目的因は、わたしの人生の一定の部分の間でだけ機能するだろう。これらの理由のどれ一つとして、ランニング自体の目的因ではなく、ある時のわたしのランニングの目的因、ある時のあなたのランニングの目的因となる。

チャールズ・フォートを通り過ぎると、左に曲がって急な坂を上がる。この区間には一〇〇メートルほどの激しい登りがある。デヴィル砦の影の中で、わたしはあえぎながら、重い足取りで、上へ、上へと歩を進める。けれども、これはたいへんではない。右へ曲がり、ふたたび坂を下る。一軒の農家やいくつかのコテージを通り過ぎながら、下り坂を利用して筋肉をストレッチし、弛緩させる。坂を下らずに、そのまま上がりつづけることもできた。そうすれば、やがて道は水平になり、わりあい楽な最後の一マイル余を走って、家に戻れたはずだ。体調がすぐれない日などには、このコースを利用することがある。だが、ふだんはそのまま坂を下りつづけ、坂のいちばん下までたどりついたら、次は左に、そして右に曲がり、いまや険しいけれどもお気に入りの区間にやってくる。チャールズ・フォートを通り過ぎてから、ずっと楽しみにしていた場所だ。アドレナリンが体中を流れはじめた。わたしたちは、長く伸びる急な坂の一番下の地点にいる。この坂は恐ろしいほど急で、ここから見ると、坂というよりも壁のように見える。わたしの目標は、この坂をできるだけ速く走り上がることだ。途中で止まってはならない。つまずいてはならない。スピードを落としてもいけない。そんなことをしたら、この走りは失敗になってしまう。これは不可能な目標だけれど、時には最良の目標でもある。

わたしは自分の足をじかに見下ろしている。頭を上げたりしたら、後ろ向きに倒れてしまうような気持ちになるだろう。急坂で始まり、ますます急になる。傾斜を見たりしたら、どれほど遠くまで走らなければならないかを見たりしたら、どれほど長くこの苦しみが続くことになるかを見たりしたら、自分が止めてしまうことはわかっている。前進し、上下に動くわたしの脚は燃えている。わたしの肺は、乳酸の燃焼を克服するために必要な酸素を得ようとして、内側を外にめくり返しそうだ。走りつづけろ。次のポットホール［道路の舗装にあいた穴］まで行け。その次のポットホールまで行け。そしてついに、いちばんつらい部分がくる。とうとう坂の頂点に達し、勾配がだんだんに水平になる。任務を遂行したのだ！

いや、もっともつらい部分はいまや、走りつづけることである。乳酸の火が外に出て行き、やがて凍るような無感覚が広がる中で、脚を動かしつづける。肺がふたたび機能しはじめる中で、脚を動かしつづけるのだ。この時点で吐き気が襲ってくる。これはそれ以前のあらゆることより始末が悪い。吐き気には——頻繁にではないが、それでも十分すぎるぐらいしばしば——わたしは吐いてしまう。吐きながらも、走りつづけようとする。そしてやっと、吐き気に代わって暖かい達成感が体を満たす。わたしは雄叫びをあげ、群はわたしのまわりでとび跳ねる。それから、ゆっくりと静かな走りのリズムがふたたび支配する。

この種の忍耐が実際に意味をもっていた時代は、とうの昔に終わった。わたしはもはや、このような拷問が役に立つようなスポーツはしなくなった。このような登坂がもつもっとも明白な側面は、そのまったくの無意味さである。坂をジョギングで登ることもできるし、歩いて登ることもできる。群にとっては、これはどうでもよいことだ。それなのに、わたしは坂に突進する。当時のわたしにはわからなかったが、ここにはランニングの目的因への手がかりがある。わたしのランニングの真の目的因でもなければ、あなたのランニングのそれでもなく、ランニング一般の目的因だ。この坂への突進と残りの区間の走りに区別があるというわけではない。ただ、坂の突進では、ランニングの目的因がとくに生き生きと示される、というだけのことだ。元々は、最初は一頭、次には二頭、やがては三頭の作用因の顎によって、わたしはランニングへと駆り立てられた。だが、わたしが駆り立てられたランニングには、それ独自の目的因、「なぜ」があるのだ。

坂の上で死にそうになり、息たえだえで、無言の乳酸のもだえの中にあったあの瞬間、わたしがこれよりしたいことは世界に何もなかった。わたしはたった一つの理由のために、あの坂を走った。あの坂を走るためにだけ走ったのだ。そして、これこそが走ることの目的因だ。あなたもわたしも、色々な理由で走るだろうが、走ることの目的、つまり目的因は常に同じだ。ランニングの目的は最高の状態、そしてもっとも純粋な状態では、単に走ることなのだ。ランニングは、活動の目的をそれ自体の中にもつ人間活動である。ランニングの目的は、本来的に備わっている、つまり内在的なのである。これが重要であるということを、わたしはある日、悟るようになる。

4 アメリカ人の夢　二〇〇七

わたしたちの片側を自動車がシューシューと走りすぎる。もう片側では庭のスプリンクラーがパシャッと水音をたて、モーターがブーンブーンとうなっている。どの走りにも独自のハートビートがある。わたしはいま、ニナとテスといっしょに早朝のマイアミ郊外の通りを走っている。ブレニンとともにアラバマを出たのは、一二年前だった。その後の数年にわたしたちは、アイルランド南部の、緑の野原や急な傾斜の多い道、ウィンブルドン・カモンの湿った土の林、ペンブルックシャーの高地の石だらけで不毛な丘、そして最後は、日没時の黄金色に輝く海岸と紫色のラベンダー畑が想い出に残っているラングドックを走った。わたしの古い友だち、ブレニンはもういない。ブレニンの骨は、砂地の茂みの中、オルブ川のデルタ地帯にある石のお化けの下に埋葬されている。少なくともわたしにとっては、長い遠回りをして、元のところに戻ってきたようなものだ。数日前に、わたしたちは全員でマイアミに引っ越してきた。哀れなニナとテス、かれらは年老いて、もうこうしたランニングはできない。わたしはこの事実を拒否してきたが、それも終わりだ。今日はニナとテスと走る最後の日だ。

これからは、ゆったりとした散歩だけになるだろう。この日から一年余り後には、ニナもテスも死ぬことになる。先に逝ったのはテスだった。父親であるブレニンの国で、父親がかかったのとおなじ種類の癌の犠牲になった。ニナはその三週間後に逝ってしまった。激しい傷心の犠牲になったのだと思う。

今日の走りは、二度目のアメリカ生活での最初のランニングだ。わたしは、最初のアメリカ生活での最後のランニングに思いを馳せる。あれは寂しさの走り、過ぎ去った時間、二度と戻ってはこない時間の走りだった。怖れの走り、未知の時間の走りでもあった。あの日の数日後には、ブレニンをアイルランド行きの飛行機に乗せ、それから検疫所に入れることになったが、あの日の朝、タスカルーサの道路をいっしょに走ったとき、あの瞬間に、ブレニンはわたしのそばを浮かぶように走っていた。オックスフォードを卒業してすぐにタスカルーサに越してきたとき、わたしは二四歳で、人生初の真の仕事を始めるところだった。最初はオックスフォードスタイルをとり、ブレザーとフランネルのズボンで出勤したが、最後はTシャツ、ショートパンツ、ビーチサンダル、ポニーテールといったグランジ［ロックスタイルの一つ］で終わった。人生で最初の仕事が七年間のパーティー三昧になるとは予想していなかったが、物事というのは時にはおかしな展開をするものである。これは人生のもっとも魅力的な特徴の一つだ。七年間、百回以上のラグビーの試合をし、何千杯ものテキーラシュート、数えきれないほどの二五オンス入り瓶ビールを飲んだ後に、わたしはアラバマ州を去る準備ができた。アラバマに赴任したときには、多くの学生よりも若かった。だから、大学のラグビーチームに入り、このチームを囲む、ややシュールリアルなサブカルチャーにひたったのも、とくに驚くには当たらないかもしれない。けれども、三一歳になったことに気がつく前に、いつの間にかこうしたことをするには歳をとりすぎていて、パーティーからは取り残されていた。学生パーティーに――学生ラグビーのパーティーにすらも――ふと立ち寄って、最初はいささか寂しい思いをし、後にはいささか居心地の悪い気分になる、といった経験をしないですむ時代はもう終わりだった。わたしは、すでに寂しさの限界を越したと感じており、居心地の悪い気分へと移る前に身をかわして立ち去りたかった。居心地の悪さから回復する者はいない。

アラバマでの最後の四年間は、いつもブレニンがわたしの連れだった。四年間、あらゆるバー、あらゆるパーティー、あらゆるロードトリップでブレニンはわたしといっしょにいて、ビール、チェーサー、シューターの無言で公平な目撃者だった。わたしが追いかけた女性たち、わたしを追いかけた女性たちの目撃者でもあった。わたしは、こんな生活をこのまま続けていたら、かならず起こるはずのこと、人生の破綻から、自分を切り離そうとした。こうして、わたしたちはアイルランドのどこか、書き物ができる静かな場所をめざして移っていった。ところが、ブレニンはまず検疫所に入らなければならず、わたしは最初の六ヶ月間は、友であり兄弟であるブレニンに会えなくなったのだ。

あれは日曜日の早朝だった。前日に試合があり、試合にはかならず付きもののパーティーがあったので、わたしは前の晩のパーティーからそのまま走りに出た。外の通りについてのわたしの記憶は色あせている。この点、この記憶は不正確ではない。通り自体も色あせていたのだから。かつてこの地区はお上品な上流階級が住む、目もくらむほど白いポーチと柱がついた家の住宅地だったが、いまやアラバマ大学の学生たちに引き継がれて、家々は灰色に汚れてひびが入り、ペンキがはげ落ちていた。家々の中では、若者の命が輝かしく燃えていた。けれども、わたしの記憶は別の理由から色あせて、はげ落ちている。これらの記憶が、わたしが想い出を必要としない時期のものだからだ。事実、記憶を破壊するのは年齢ではなくて、若さである。年齢は記憶の保存装置であり、想い出の崇拝者なのだ。わたしの記憶は歳をとるにつれて強くなる。若い時代の記憶はか弱い子どものようなものだ。

通りに並ぶこうした壊れた家の中で、寝ころんで夢を見ていた人々を知っていた。その中には、授業で教えた者もいれば、ラグビーをいっしょにした者もいるし、かれらの多くとパーティーにも行った。わたしはこれらの人々を知っていたし、かれらの夢も知っていた。少なくとも、かれらが語りたがった夢は知っていた。たいていの夢は、他の人の代りに見る夢、つまりかれらの親たちがもっていた夢だった。これから生まれてくる子どもに歩調を合わせて、親の中で育まれてきた夢だ。医者や弁護士になる夢とか、大金持ちになって大きな家をもち、高価な車をもち、魅力的な配偶者をもつ夢だ。これこそがアメリカ、一生懸命努力しさえすれば、何にでもなれる、なりたい者になれるアメリカだった。これは大きな夢だった。そして、これは大きな嘘だった。これらの夢の大半は、眠っているわたしの友たちを見捨てたはずだ。わたしがアメリカに戻った頃までには、かれらは新しい、もっと小さな夢を見つけたことだろう。

二度目のアメリカ生活での最初の走りは、本当のマイアミでするわけではない。つまり、マイアミに住んでいない人間が「マイアミってこんな所だろうな」と思うような所でするわけではない。マイアミに住んでいない人がマイアミを想像するときには、おそらく南海岸とかダウンタウンを思い浮かべるだろう。テレビ番組の「CSIマイアミ」に出てくるような高層ビルやアール・デコの家が並ぶオーシャン・フロントだ。念のために書くと、読者が「CSIマイアミ」を見ている場合の話で、「CSIニューヨーク」ではない。けれども、これはどこでも同じである。少なくとも、通りにヤシの木とバニアンツリーが並ぶところなら、どこでも同じだ。わたしたちが実際にいるのは、パルメット・ベイである。マイアミの中心、あるいはもし本当にマイアミに中心部があるとしたら、それが位置するはずの場所から一〇マイルほど南にいった、まごうことなくブルジョア的な郊外の地区である。ホレイショ・ケイン〔「CSIマイアミ」に出てくる警部補〕が死体となって発見される、などということはパルメット・ベイでは起こらないだろう。ここでは何も起こらないのだ。ここにわたしたちがいるということは、物事がどれほど変化しているかを示す兆候である。ニナとテスは消えつつあるが、新しい命が芽生えようとしている。妻のエマは妊娠四ヶ月で、わたしたちは安全で堅実で、恥ずかしくない中流カップルとして、安全で堅実で、恥ずかしくない生活を送っている。いまや子どもの学区のことを考えている。というか、エマがこれを考えている。パルメットには、マイアミ・デイド郡の中で最高の公立学校がある。

この走りのデビューを開始して二〇分後にはもう、マイアミで走るのは嫌だとわかった。暑さや湿度のせいではない。いまは一月である。明るくてすがすがしい早朝で、気温は二〇度前後だと思う。午後までには二二、三度にまで昇るだろう。湿度はまだ二、三ヶ月は不快なほどにはならないはずだ。湿度が不快になる頃までには、この冬のランニングのことを、いとしさをもって思い出すだろう。わたしが嫌いなのは、土地が平らな点である。郊外の死んだような平地がもつ、障害も何もない単調さだ。ランニングを中断するものは何もない。坂の下に近づいて苦々しく準備することもなく、坂の上にたどりついて、あえぎながら歓喜することもないのだ。

ウェールズからやってきてマイアミに住むと、山が恋しくなる。それ以外にはさほど恋しいものはないが、山だけは恋しくなる。さもなければ丘でも何でも、傾斜があるものなら、何でもいい。マイアミのいくつかの地域にはリッチモンド・ハイツとかオリンピア・ハイツなど、名前の上では「高台《ハイツ》」とつく場所があるが、これは悪趣味な冗談だ。これらは海抜二、三メートルぐらいだが、この辺りとしては鼻血が出るほど高いといえる。ときどきわたしは、マイアミ・デイド郡としては最大の傾斜地帯である、リッケンバッカー・コーズウェイをほれぼれとながめる。週末にこの陸橋を渡ってキー・ビスケーンへとドライブすると、この陸橋を往復するたくさんのサイクリストが見られる。この陸橋は弓状になっており、サイクリストたちが練習できる最大の「丘」なのである。

もしかしたら、サイクリストたちもここでの余技を、わたしがランニングで感じるのと同じように、もどかしく感じているかもしれない。けれども、わたしにとってこれはもっと始末が悪い。少なくともサイクリストたちは、どこかに実際にたどりつける。わたしはまだ当時、後にまったく明白になった理由から「スネークランド」と呼ぶようになる土地——オールド・カトラー・ロードわきの細長い土地——を発見していなかった。この日の数年後には、後に生まれてくるイヌとここを走ることになる。だが、いま走っているのは住宅地で、わたしたちは厳密にはどこにもたどり着かない。この国では何もかもが広く散らばっている。都市が大きく広がっているのだ。自動車に合わせて建設されたからである。このことを、ヨーロッパで暮らしている間に忘れてしまっていた。わたしたちは一四六番ストリートにある家から出発し、七七番アベニューを北へ進んで一三六番ストリートまで走った。ここから東方向へ曲がり、いまやオールド・カトラー・ロードに接近しつつある。オールド・カトラー・ロードまで来たら、この通りを南に曲がって、一五二番ストリートまで下り、それから西へ曲がって七七番アベニューまで走り、家に戻るとすると、たっぷり五マイルになるだろう。ニナとテスがちょうどこなせるほどの距離だ。パインクレスト地区の境界にはちょっと興味があるが、わたしたちはパルメット・ベイを出ることすらないだろう。それに、わたしたちの一歩一歩に合わせるかのように、自動車がシューシューと走りすぎ、入念に刈り込まれた芝生の上で、スプリンクラーがパシャッパシャッ、ブーンブーンと音をたてる。

いまは午前六時半で、ラッシュアワーはすでに始まっている。この日のこの時刻には、だれもが七十七番アベニューを走る。US1――役立たず（Useless）1とも呼ばれる――が渋滞するからだ。できるものなら、多くのマイアミ市民は車の中でシャワーを浴びるのではないかと思う。スターバックスでコーヒーとマフィンをテイクアウトし、車中で飲食し、髪をくしでとかし、ブラッシングし、テキスト通信をし、警笛を鳴らしながら、日々の仕事に出かけるのだ。マイアミの水源地であるオキーチョビー湖の水位が記録的に低いのに、ガーデン・スプリンクラーは目の届くかぎり遠くまで、貴重な水をまき散らし、吐き散らしている。わたしの周りでは、人々が仕事へと突進している。スプリンクラーのパシャッとブーンのおかげで成長がはやい芝生を刈ってくれる、庭師に支払う金を稼ぐために。

アメリカは先進国の中では休暇がもっとも少ない。連邦で定められている有給休暇の指定はない。しかも、一年に一〇日の祝日はあるものの、これらの休日にも働いてしまうアメリカ人は多い。これとは対照的に、わたしたちがそれまで住んでいたフランスでは、人々は「社会的な技量」を、少なくとも暮らし方においてはいくらか多くもっている。フランス人には一年に三〇日の有給休暇が保証されており、そのほかに祝日が一〇日ある。ブラジル人も同様の権利をもつ。義務として定められた三〇日の有給休暇プラス一一日の祝日である。リトアニア、フィンランド、ロシアの市民はだれもが、有給休暇と祝日を合わせて四〇日またはそれ以上を期待できる。アメリカ人は働き者なのだ。アメリカ人は不安をもっている。それには理由がないわけではない。失業と、失業とともに失う健康保険とが、深刻な（あるいは深刻でなくても）病気と重なりでもしたら、破産するのだから。

しかし、不安はこれよりももっと広範囲に及んでいる。アメリカは消費を基礎にして築かれている国だ。多くの人は基本的な必需品は容易に買うことができ、そこから消費は急速に、必要でないものをも買うことへと変わる。こうした商品は壊れやすい。これは主として、商品が壊れやすいように設計されているからではないかと思えてしまう。だれかに何か必要でないものを買うよう説得するのは、難しくはない。それを買わなかったらどんなことが起こるか、怖がるように仕向ければよいのだ。怖れというのは消費の偉大な友だちである。夜、眠る（これについてもアメリカ人は心配する）代わりに心配しなければならないものはというと、黄色くなった草（庭にこんなものがあったら、近所の人が自分を避けるようになる）、メヒシバ（黄色い草よりももっと悪い。二重に避けられることを想像してみるとよい）、シロアリ（数秒以内に家を地面から持ち上げることができるらしい）、ミツバチ（ご存知のように、ここでは、たいていアフリカナイズドミツバチだ）、ジョオウヤシの病気（流行りつつある）、ハリケーン（自明）、ココナッツ（南フロリダでは、自動車事故を除けば、プールと雷につづいて三番目に多い事故死の原因。いずれにしろ、ハリケーンはココナッツを致命的な投射物に変えてしまうことがある）である。このリストは、わたしたちがここに到着して二、三日以内に郵便箱に投函された営業用の名刺だけを元に作成した。

スプリンクラーのシューシュー、シーシー、パシャパシャ、ブーンブーン音に注意深く聞き耳を立てると、アメリカ人の夢が聞こえてくるだろう。

モーリッツ・シュリックは、一九二〇年代と三〇年代に活動した著名なドイツの哲学者で、いわゆるウィーン学団の設立者の一人である。ウィーン学団は、論理実証主義者として知られるようになった科学哲学者の集まりである。シュリックは一九三六年、ウィーン大学のキャンパスで、錯乱した学生に撃たれ、死亡した。人生の意味について授業をすることを考えてきたわたしは、シュリックが書いたある論文に最近たまたま出会った。「生きることの意味について」という題名で、シュリックが著名な実証哲学者になる前の若い頃に書いたものである。これは論文の逸品で、たいへん反実証哲学的である。ふつうシュリックから連想されるようなものではまったくない。「現今ほど目的の重荷が人類に重くのしかかったことはない。現代は仕事を神格化している」と彼が書いたのは、一九二七年のことである。しかも、わたしが知るかぎりでは、シュリックはアメリカを見たことすらない。わたしたちはオールド・カトラー・ロードを南方向に下る。パシャッ、ブーン、シュー、パシャー、ブーン。わたしの周囲はアメリカ人の夢が脈打っている。モーリッツ・シュリックは、これが偶像崇拝だと理解したのだ。

わたしが人生で行なうことのほとんどは、何か他のことのためにする。活動の目的はたいていの場合、その活動自体にではなく、その活動によって得られる他の何かにある。ということは、その活動の価値もまたそれ自体にではなく、その活動がわたしにもたらす他のことにだけ見られる。わたしが健康のために、あるいは長生きのために走るなら、そしてこれが走る唯一の理由であるなら、走ることの価値は、それによって促進される健康や長生きにある。もちろん、健康や長生きは貴重である。これほど明白なことを否定するつもりはない。わたしが指摘したいのは、ランニングの価値とこのようなことの価値との関係についてである。わたしが健康とか長生きのようなことのためにだけ走るなら、ランニングの価値は、それがわたしにもたらしてくれる、こうした他のことだけに存在する。そうなると、ランニング自体は価値をもたないことになる。ある活動の目的がその活動自体の中に見られないなら、その活動の価値もまた、その活動の中には見出されないのだ。

「はじめに」で書いたように、人が他の何かのためにだけ行なうことは、哲学者が「道具的な」価値と呼ぶものをもつ。他の何かを得るための手段としての価値である。逆に、ある活動が何か他のことを得させてくれるかどうかには無関係に、それ自体で価値をもつなら、その活動には内在的に価値がある。わたしがすることのどれもが、それ自体で価値をもつかどうかは、すぐにはっきりとはわからない。それでも、そういうものがあることを望んだ方が良い。もし、ないとすれば、アリストテレスが指摘したように、わたしの人生には価値あるものが何もないということになるからだ。ＡがＢの故にだけ価値があると仮定し、ＢはＣの故にだけ価値があり……とつづくと仮定しよう。ここには二つの基本的な可能性がある。一つは、この連なりをずっとつづけていくと、最終的には何か——ここではＺと呼ぼう——内在的な価値をもつものに行き着くという可能性だ。何か他のもののためだけではなく、それ自体に価値をもつものに到達するのだ。この場合、Ｚへといたるすべてのものの価値は、Ｚの内在的な価値に由来する。この価値がＺ以外のすべてのものの道具的価値の基礎になるわけだ。もう一つは、そもそもＺなどはなく、内在的な価値をもつものは見つけられない、という可能性である。そうだとすれば、他の何かの内在的な価値の基礎となるものもなくなる。わたしの人生におけるあらゆるものの価値は先送りされる。常にぎりぎりのところで手が届かないのだ。もし、そうなら、わたしの人生は、沼の中に立ち、果物が実った木の下にいるタンタロスに似ているだろう。タンタロスが果物を取ろうとするたびに、枝がもちあがって、タンタロスの手が届かない。水を飲もうと身をかがめるたびに、水に到達する一瞬前に水が引いてしまう。内在的な価値をもたない人生は、この意味では、「タンタライジング［欲しいものを見せてじらす］」なのだ。

わたしが何かを他の何かのためにするなら、わたしがすることは、シュリックによれば、仕事の一形態である。ここでの仕事とは、通常の意味よりはいくらか広義で、ふつうは仕事として考えられていないことをも含むことになる。それでも、通常の意味での仕事は、仕事の典型的な例である。わたしが働くのは、金をもらうためである。金の支払いは外的な目標で、わたしはこの目標に向かって──この目標のために──働く。同様に、もしわたしが健康でいたいから、あるいは長生きしたいからという理由だけで走るなら、わたしが走るのは仕事だということになる。それ自体の外にある何か、それに目的や価値をあたえる何かに向かって行なわれる活動である。ニナとテスは走る必要があるから、または走るのが好きだからという理由で、わたしが走るなら、このランニングも仕事である。この場合は、わたしではなくて他の者の利益をめざして行なわれる仕事、ということになる。

道具的な価値のある活動は仕事である。したがって、内在的な価値のある活動は、シュリックも結論しているように、遊びの一形態である。仕事の価値はいつも他の何か、仕事ではない何かにある。仕事自体は価値をもたないのだ。「道具的価値」という表現は、この限りでは不適切で誤解を生みやすい。この表現は、仕事が価値をもつことを暗示しているが、これは単に特殊な価値、つまり道具的な価値をもつだけである。実際、何かに道具的な価値があると言った場合には、その何かの価値が常に他の何かにある、ということを意味する。本当に価値が見出されるのは、他の何かにおいてなのである。このように、何かが単に道具的にのみ価値があるのなら、それ自体には何の価値もない。

一方、遊びはこれとはまったく異なる。遊びには内在的な価値がある。遊びはそれ自体のために行なわれものであるから、定義からすれば、それ自体に価値がある。遊びには価値があるが、仕事にはない。明らかに遊びの方が仕事よりも貴重でなければならないのだ。シュリックはこう書いている。「わたしたちの工業時代の福音が仕事の偶像崇拝であることは、露呈された。わたしたちの生活の大部分は、他人の命令に従ってひたすら目標をめざす労働で満たされており、それ自体には何ら価値をもたない。価値を得るのは、その仕事がもたらす手段と条件のおかげで得られる、遊びの愉快な時間との関係を通してだけなのである」。仕事人生は遊びでのみ報いられるというわけだ。遊ぶとき、わたしたちは価値を求めない。遊びの価値がそれ自体の外にあるのではないからで、わたしたちは遊びの中に没頭する。

今日の走りをわたしは楽しめないかもしれない。事実、これは遊びというより仕事だとかなり確信している。それでも、この結論のアイロニーを楽しんでもいる。遊びの拒否の上に築かれた——と思われる——国に、わたしは戻ってきたばかりだ。資本主義を支持して共産主義を拒否するのは、もっと深い何かの徴候でしかない。アメリカは仕事を支持して遊びを拒否した国である。少なくともこれは、一部の市民が好んで広める創造神話の一つだ。わたしたちは勤勉に働くためにこの地球上に置かれており、労働は本来的に高尚で、遊びは軽薄だというわけだ。わたしは自分がすばらしく破壊分子的になった気分になる。単なる共産主義者では決してなれないほど深いところでの、アウトサイダーになったのだと。

マイアミにまったく坂がないことが、わたしの思考をキンセールでの坂に向けたがるのかもしれない。できるかぎりスピードを出してかけ上がった、ほとんど垂直な壁。理由はどうあれ、わたしの思考が行き着くのはあの坂だ。はじめてわたしは、自分があの坂で何をしていたか、なぜそれをしていたかを正確に理解できると思う。わたしは坂とゲームをしていたのだ。

二〇世紀のオーストリアの哲学者、ルートヴィヒ・ヴィトゲンシュタインは、「ゲーム」という言葉は定義できないと主張している。定義はあらゆるゲーム、そしてゲームだけに共通する特徴を特定しなければならないが、そのような特徴はない、ゲーム同士にはお互いに共通するものはない。ゲーム同士をむすんでいるのは、家族の類似点のようなものだけである。息子の鼻は父親似だが、目は似ていない。目は母親に似ているが、鼻は母親には似ていない。顎は叔父か兄弟と共通するが、両親のどちらにも似ていない。家族には一定の「外見《ルック》」があるが、これは家族のメンバーすべてが共通してもつ特徴にもとづくものではないのだ。ヴィトゲンシュタインによると、ゲームはこれと似ているという。共通した一つの特徴ではなく、一連の重なり合う類似点があるのだ。この類似点のネットワークから、わたしたちはある活動がゲームであるとわかる。このような思考モデルは、単なるゲームの概念ではなく、概念一般について有用な考え方をもたらす、とヴィトゲンシュタインは述べている。

ヴィトゲンシュタインは、公正に見て、二〇世紀のもっとも著名な哲学者の一人である。まさにこの理由から、たいていの哲学者は、彼がゲームと概念についてより一般的に考えたことは正しいと思っているようだ。スポーツ哲学という小さなコミュニティーの外では、数年前に死去したカナダの哲学者、バーナード・スーツのことを聞いたことがある人は、これよりずっと少ないだろう。ところが、ヴィトゲンシュタインができないであろうと述べたことを、スーツはなし遂げた。「ゲーム」という言葉の完璧に適切な定義を出したのだ。彼は、あらゆるゲームに共通する特徴、つまりすべてのゲームをなす一つの特徴を突き止めた。スーツによると、ゲームとは、わたしたちが目標達成のために、自発的に能率の悪い手段をえらぶ活動であって、わたしたちがゲームをするのは、それによってのみこの活動に取り組めるからだという。スーツの定義に従えば、わたしの坂とのからみ合いは次のように分析できる。まず、スーツが「遊びに先立つ《プレリューソリー》」［ゲームに先立つ］目標と呼ぶものがある。これはゲームとは無関係に特定できる目標である。わたしの場合、遊びに先立つ目標は、坂の下から坂の頂点まで到達することである。この目標は本質的にはなんら走ることとは関係がない。坂の下から頂点まで行くにはいくつもの方法がある。簡単にするなら、ドライブすればよい。ゆっくり歩いて登る方法も、全速力で走るよりははるかに容易である。わたしがこの遊びに先立つ目標に向かってするのは、スーツが「ゲーム的な態度《リューソリー・アティテュード》」（ゲームという意味のラテン語 ludus に由来する）と呼んだものである。わたしは遊びに先立つ目標を達成したいが、どんな方法でもよいわけではない。特別難しい方法で、つまり、できるだけ速く走って達成したいのだ。このようなゲーム的な態度こそが、わたしの遊びに先立つ目標の達成をゲームにしているのである。わたしたちはゲームで遊ぶとき、本質的には、物事を自分たちにとって難しくする。何かをするのに——もっとずっと簡単な方法があるのに——わざわざ難しい方法を選ぶのだ。しかも、ゲームがそれでもギリギリのところでプレイできるような方法を選ぶ。だから、わたしは急な坂と一つのゲームをしていることになる（テニスをする人が相手とプレイするというよりも、むしろラケットとプレイするのと同じ意味で）。

　同じことは、一般的なランニングにも当てはまる。妥協しない坂を走ることだけに限らない。ランニングでは目標はＡからＢに移動すること、あるいは自宅からスタートする場合にはＡから始めてＡに戻ることである。この前置きの目標を達成するにはドライブ、徒歩、サイクリングなどさまざまな方法がある。事実、目標がＡからＡの場合には、そのままそこにいるだけでもすむ。それなのにわざわざ走るのは、この遊びに先立つ目標を達成するために、自発的に相対的に難しい方法を選ぶということである。これはランニングのゲームだけではなく、ゲーム一般にも当てはまる。ゲームをプレイするということは、原則的には常に他のもっと容易な手段でもできる目標を達成するために、わざわざ（相対的に）難しい方法を採用しようとすることである。わたしたちは、ギリギリのところで目標がまだ達成できるような方法を採用する。難しくはあっても、まだゲームをプレイできる方法を選ぶのだ。あらゆるランニングは遊びになることができる。これは、人がなぜ走るかによって決まる。実際には、わたしはこの考え方をもっと先まで進めなければならないようだ。ランニングの本質は遊びであり——遊びはランニングの本質をなすものであって——たとえ人が他の特別な理由から走るとしても、遊びはランニングの核心で自己の再主張をつづける。ランニングは辛いかもしれないが、適切に行なわれれば、辛い仕事ではない。遊びも辛い場合がある。仕事と同じぐらい辛いこともある。

わたしはいつも自分のランニングのことを、他の人に対しても自分に対しても、三頭の大きくて破壊的なイヌ科動物がわたしにかけるプレッシャーへの反応として描いてきた。これを自分でも信じていたし、一時はこれが真実ですらあった。けれどもいま、これが真実の一部でしかあり得ないことを理解しはじめている。動物たちをできるだけ消耗させておく必要はあった。これは本当だ。だが、そのためにはもっと簡単な方法を選ぶこともできた。道でなくて畑を歩くこともできたはずだ。こうしたとしても、イヌたちは同じように走り回っただろうし、畑にウサギがたくさんいれば、もっとたくさん走っただろう。怪我をしたときだけではなく、ふだんでもマウンテンバイクを使うこともできたはずだ。それなのに、わたしがイヌたちと走る方を選び、明けても暮れてもイヌたちとともに走りつづけたのは、わたしが遊ぶ方を選んだからだ。そしていま、モーリッツ・シュリックとバーナード・スーツのおかげで、なぜ自分がこちらを選んだのかがわかりはじめている。走るということ、実際にはあらゆるゲームをプレイするということは、生きることとの内在的な価値との直接的な接触――できるだけ直接的な接触――をとるということなのだと。

それでも、ランニングは内在的な価値との接触の、特別に純粋な例である。ランニングがいわゆる「未分化な」活動――とくに未分化なゲーム――だからである。ランニングには構造がないか、または他のほとんどの遊びの形態よりもはるかに構造が少ない。スポーツのスペクトルの中で、走ることと正反対の端にあるのが、クリケットやテニスのような高度に分化されたスポーツ、つまり、個々の部分に分かれているスポーツだ。クリケットの試合はイニングに分かれ、さらにイニングはオーバー［六回に制限された投球数］に、オーバーは個々のデリバリー［投球］に分かれる。同様に、テニスの試合も各セットに分かれ、セットはゲームに、ゲームはさらに個々のポイントに分かれる。これらのスポーツでは、一球一球、個々のポイントに集中してプレイすることが望まれ、この助言に留意しないと、よく知られた現象、「チョーク［息詰り］」とか「イップス［精神的な原因で起こる運動障害］」などと呼ばれる現象が起こる。プレイしている個々のポイントや目の前に迫るデリバリーから注意がそれると、チョークし、そのゲームのもっと大きな流れの中での自分の状況について――あるいは、以前のポイントやそれどころか以前のゲームを自分がどうこなしたかについて――心配しはじめる。自分が最近あまりラン［クリケットの点数］をとっていないから、チームにおける自分の位置が危ういと考えるなら、イップスをおこすだろう。テニスのゲームで、このポイントを獲得できないとこのセットも獲得できないから、このポイントは絶対に負けられないと思ったとたんに、チョークが起こるかもしれない。チョークやイップスへの予防対策はいつでも同じであり、この瞬間、このポイント、このデリバリーだけに集中し、他のことはいっさい考えないにかぎるのだ。

このような現象は、内在的価値と道具的価値の見地から理解することができる。個々のポイントだけに意識を集中すると、このポイントがそれ自体で価値あるものとして見えてくる。この集中がゆるんだとたんに、個々のポイントには道具的価値——もっと大きなゲームの流れの中での位置や役割——だけしかなくなる。ポイントはそれが意味する、あるいはそれが示すことの故に重要になり、それ自体のためには重要でなくなるのだ。そして、そうしたとたんにプレーヤーは負ける。チョークする。一回一回のポイント、一球一球のデリバリーをそれ自体だけのためにプレイするなら、プレーヤーは遊びをしているが、個々のポイントやデリバリーが他のことのための道具になるなら、プレーヤーは仕事をしていることになる。

走るという活動はこのように分化されてはおらず、構造をもたない。識別できるほどの部分に分かれてはいない。足が一歩ずつ歩を進め、腕がスイングするが、これらはすべて混ざり合っている。だから、ランニングは事実上、高度に構造化されたゲームの個々の部分とおなじ位置にある。ランニングは最高の状態では、それ自体のために行なわれるもの、つまり仕事ではなくて遊びである。たとえ他の理由から行なわれるとしても、本来の遊びとしての性質は力を再発揮する道をもっている。

わたしたちは、道具的な価値を重んじる時代に生きており、何かをそれ自体のためにするという考え方が受け入れられるのは、その何かが非常に難しい場合においてだけである。何事もそれ自体のために行なわれることはできず、あらゆるものが何か他のことのためになされるべきだとされる。ゲームすらも、なんらかの道具的な目的をもつべきだと思われている。動物が遊ぶのは、将来、生きるために役に立つ技——獲物を捕えたり敵から逃げたりする——を習得するためなのだといわれる。同じことは子どもにも当てはまる。子どもの遊びは、子どもが「社会化」されていくプロセス全体の中で、ある重要な部分をなすというわけだ。それぞれの事例にこめられたメッセージは同じで、遊びは実は遊びではなくて、仕事だというのだ。もちろん、遊びのように見えるものが実際には仕事である場合があるという点を、わたしは否定するつもりはない。逆に、仕事のように見えることの多くが実際には遊びである場合もある。仕事と遊びの差は、何をするかにあるのではなく、なぜそれをするかにあるのだ。シュリックはこう指摘している。「人間の活動は、それが成果をもたらすなら仕事だというわけではなく、成果をもたらすという考えから発動され、その考えに支配される場合にのみ仕事なのである」。同様に行為も、それがただするためにだけ行なわれるなら遊びである。その行為が他の有益な結果をもたらすかどうかという点は、その行為が遊びとみなされるかどうかにとっては、重要ではない。だから、たとえ遊びが将来の生活のためになんらかの準備をする機能をもつとしても、人は遊びたいから遊ぶだけで、別の理由をもたないかぎりは、遊びは遊びなのである。

遊びたいから遊ぶというこの考え方は、まだ意味をなすのだろうか。わたしが走りたいから走るのなら、走るのが楽しいからであるのはたしかだ。けれども、ランニングがもたらす楽しみや喜びは、走ることの外的な目標に見えはしないだろうか。そうだとすると、わたしのランニングはとどのつまり、仕事の一つであるように見える。しかし、このような推測は早計だろう。ランニングの楽しみは、走るということの一部分をなす。抽象的な楽しみなどというものはない。この形の楽しみ、あの形の楽しみがあるだけだ。ランニングの楽しみとチェスの楽しみをくらべられるだろうか。セックスの楽しみを勝利の楽しみとくらべられるだろうか。これらすべてに共通するような、一般的なタイプの楽しみ——楽しみ一般、特定しない楽しみ——はない。あるのは、ランニングの楽しみ、チェスの楽しみ、セックスの楽しみ、勝つ楽しみといった特定の楽しみだけである。ランニングは単なる肉体的な活動、一定の距離に進むまで、片足をもう片足の前に踏み出すというような活動ではない。精神的な活動でもある。ランニングの楽しみは、ランニングがめざす外的な目標ではなく、ランニングの活動に統合された一部分なのだ。

これは「楽しみ《エンジョイメント》」という言葉に隠されている。奇妙に役立たずで、率直でない言葉だ。しばしば、楽しみとはある喜ばしい気分とみなされる。同じ気分は原則的には、さまざまな方法で生み出すことができるので――たとえば適切にデザインされた薬は、必要な楽しさ《プレジャー》の気分を誘導することができるだろう――ランニングの楽しみはランニングにとっては外因的だと考えられるかもしれない。これが楽しみ、楽しい気分であるのなら、楽しみはランニングと接線のようにだけ関係しているのではないかと思う。ランニングの精神生活はこの方法では捉えられないのだ。わたしはこの精神生活の本質を、走りのハートビート――躍動する思考の場所――という考え方をもって捉えようとしてきた。人をこの場所に連れて行くことができる薬はない。走りのハートビートは走ることに内在するからだ。走りのハートビートの中に消えるためにわたしは走る、というのは真実かもしれない。それでもこれは、わたしは走るために走るのだ、ということを別の言葉で言い換えただけである。

この点、つまり楽しむことの末梢的な特徴の点では、走ることと書くことは同類の活動である。書くことはゲームではない。わたしがゲーム的な態度を向ける、「遊びに先立つ」目標などはない。けれども、スーツも指摘しているように、あらゆる遊びがゲームのプレイというわけではない。書くことも遊びにはなれる。仕事にもなれる。わたしがなぜこれをするかによって、それは決まる。書かなければならないから――たとえば何らかの契約的な合意をむすんで――何かを書くのであれば、わたしが書くという活動は仕事である。けれども、わたしがもっともうまく書けるのは、仕事として書くときではない。最高のものが書けるのは、こうした考えが頭の中で飛び交っているのを単に見つけたときである。そのとき、これらの考えが正確には何で、どこへと至るのかはわからないが、それを突き止めざるを得ない、という思いにかられる。わたしは、自分が考えていることが何なのかを知りたいから書くのであって、それが目の前のページに見出されるまでは、これが何なのかは本当にはわからない。わたしは考えを言葉という形で捉え、それらの言葉を検証し、評価する。この遊びはそれ自体の価値をもち、これに没頭しているときには、世界中でこれ以上にしたいものは何もなくなる。書くということは、輝き、閃光を放ち、きらめく考えと遊ぶことなのである。書くことが仕事になると、これらの考えは沈黙し、生気を失う。とはいえ、書くことは、従来の意味での楽しみとはほとんど関係がないか、まったくない。それよりも拷問に似ていることが多く、キンセールの坂を駆け上がるようなものだ。

あの坂を走るのは、特殊な類いのゲームだった。そして、このゲームが従来の意味での楽しみとどれほど関係が薄いかは、容易にわかる。このゲームには強くて苦しみがともない、喜びはない。この拷問は、走りのハートビートの躍動する思考で報いられもしなかった。これは忍耐のゲーム、自分が打ち倒される限界を突き止めるゲームだった。わたしはいつも、昨日と同じように今日もすることができるかを知るためだけに、あの坂を走った。坂がわたしを打ちのめすかどうかを突き止める――あの方法かこの方法かを知る。それが、ある一つのゲーム内でのこのゲームのポイントだった。知ることとのゲームである。時には知ること（少なくともこのような類いの）も、走るということの部分をなすのである。

わたしはおとなになってからのランニング人生を、道具的な目標を念頭において始めた。それにわたしは、どのような日でも、道具的な目標を念頭において走ることができる。けれども、いったん走ることのハートビート、つまり思考が躍動する場所まで到達すると、これらの目標はとっくに忘れ去られてしまっている。ここでもまた、シュリックのおかげで、なぜそうなのかがわかる。彼はこう書いた。「創造の純粋な喜び、活動への専心、動きへの没頭、これらが仕事を遊びへと変える。周知のように、このような変化をほとんどいつもなし遂げることができる偉大な魔法がある。それはリズムである。言うまでもなく、リズムが外側から意図的に活動へと近づけられたり、人為的に活動とむすびつけられたりはせずに、活動の本質とその自然な形から自発的に発展してくる場合にのみ、リズムは完璧に機能するだろう」。走りのリズムがその催眠術的な効果をあげ、走りのハートビートが「活動の本質とその自然な形から自発的に」姿をあらわすと、わたしはひたすら走るためにのみ走っている。それ以前は、わたしは本当の意味では走っておらず、ただ動いているだけなのだ。動きが走りに変わるこの一点、これこそが仕事が遊びになる一点である。わたしの体は動くが、わたしの思考は、わたしの心がいつもあったところで遊ぶのだ。

もしランニングに内在的に価値があるのなら、走りのハートビートはこれと経験的な相関関係があるように思われる。走りのハートビートの経験は、内在的な価値の経験である。走りのハートビートは、世界に名乗り出る内在的な価値だ。生きる上で重要な何かが、わたしに姿を見せるのだ。

ランニングは宗教のようなものだ、という考えや、ランニング体験は宗教体験のようなものだ、という考えをもて遊んできた人がいる。しかし、走りのハートビートは、実際には宗教のアンチテーゼか、少なくとも宗教について考える方法のアンチテーゼであると、わたしは思う。わたしの念頭にある宗教についての考え方は、トルストイが例証してくれている。何年も前にトルストイの『懺悔』を読んだのを覚えている。人生の意味についてのトルストイの考え方をつづった、ややメロドラマ的でありながらも、誠実かつ感動的な話である。トルストイが人生のある時点に達したとき、一定の形の疑問、「それがどうした?」「それでどうなる?」「なぜ?」に悩むようになる。自分はサマラに六〇〇〇デシャチーナ［昔のロシアの土地の単位］もの土地をもち、三〇〇頭の馬をもっている。それがどうした? それに、自分はゴーゴリ、プーシキン、シェイクスピア、モリエールよりも有名になろうとしている。それでどうなる? そもそも、自分は子どもたちに良い教育を受けさせ、快適な生活を送らせることができる。なぜ? トルストイは自分がこれらの疑問に答えられないことに、狼狽した。たいへん狼狽した。「もしこれらの問いに答えられないのなら、わたしは生きることができないはずだ」と。

トルストイはこのような自覚を、ある寓話で説明している。旅人が東部の地方で、「怒り狂った野獣」の注意をそらすために、井戸に飛び込んだ。ところが、井戸の底には龍がいた。野獣と龍の間にはさまった旅人は、井戸の壁の割れ目から生えている小さな灌木の枝にぶら下がった。これ以上は事態が悪くなりようがない、と旅人が思ったのもつかの間、事態は避けようもなくもっと悪くなった。二匹のネズミ、一匹は黒、もう一匹は白いネズミが現われて、枝をかじりはじめるではないか。いまにも枝が折れそうで、旅人は死へと落ちていくだろう。旅人にはこれがわかっている。それでも、彼がぶら下がったままじっとしていると、木の葉から数滴の蜜がたれているのを見つけた。旅人は蜜の方へと舌をのばして、その葉をなめる。この旅人のように、自分も死の龍が自分を待っていることを知りつつ、生命の枝に執念深くぶら下がっているのだ、とトルストイは考えた。彼は蜜をなめようとし、蜜は喜びをいつもくれたが、やがてはくれなくなるだろう。昼と夜を象徴する白と黒のネズミは、彼がぶら下がっている命をかじり去る。これは作り話ではない、とトルストイは主張する。これは、明白で議論の余地のない、理解できる真実なのだと。

　問題となる「真実」は、死が待っていると知っていることにもとづく一連の推論と関連した、ある種の認識であるようだ。トルストイの認識の少なくとも一部は、自分が死につつあるという認識だ。それも、将来のいつかは死がついに自分に追いつくだろうという、単に抽象的な可能性ではなく、具体的な現実である。合理的な知性というよりも内臓の直感が理解した現実なのだ。結末はというと、蜜はもはや甘くはなくなる。重要なものは何もない。彼をわずらわすのは単なる死ではない。彼はほがらかに話をつづける。遅かれ早かれ、自分の家族は病気にかかり、苦しみ、死に、あとには「悪臭とウジ虫」以外の何も残らないだろうと。そこにはまた、彼の仕事、彼の非生物学的な遺産についての疑問もある。これは、瞬きする間にすべては忘れ去られるだろう、と彼は悟るのだ。

　中世の哲学者たちは「永遠の相の下で《スブ・スペシエ・アエテルニタティス》」という表現をした。実際には、永遠である必要はなく、十分に長い観点であればよい。永遠、またはいずれにせよ十分に長い時間軸で見れば、トルストイがかつて存在したという足跡も消されてしまうだろう。彼は消えてしまうだろうし、彼がかつて愛しただれもが消え、彼の作品も、長く楽しい夜がふけるまで彼の後を早足で追いかけるだろう。芸術的な遺産の点では、トルストイはわたしたちのほとんどよりも優れたものを遺した。死後、百年たっても、彼の作品はいまだに広く読まれ、高く評価されている。しかし、たとえそうでも、さらに数百年後にはどうなのか、だれにもわからない。数千年もたてば、彼の作品が生きつづける確率はいちじるしく低くなる。たとえ、トルストイの作品が人類と同じだけ生きつづけるとするとしても、これは宇宙の体系の中では一瞬でしかない。消滅は、わたしたちすべて、トルストイをも待ち受けているのだ。古代ギリシャ人は「客観的な不死身」と呼ばれた考えをもっていた。人はその作品を通じて生きつづける、という意味である。しかし、残念ながらこれは、客観的な先延ばし、と名付けた方が正確だろう。避けられないことをただ延期するだけなのだから。それがどうした? それでどうなる? なぜ?

これに対するトルストイの反応はなじみのあるものだ。彼は信仰に慰めを求めた。現世の命の後にも命がある、という約束への信仰である。信仰は、長く生きつづけられないわたしたちと、無限で永遠なるものとをつなぐものである。「信仰がどのような答えを下そうとも、いかなる答えも、人間の有限な存在に無限の意味をもたらす――苦しみ、窮乏、死によって破壊されない意味を添えるのだ。したがって、信仰の内にのみ、わたしたちは人生の意味と可能性を見出だすのである」

これは宗教的な人生観の表現の一つである。わたしはこれが、宗教によって容認された唯一の人生観であると言いたいわけではなく、ふつうに見られる人生観だと思う。この観点に立つと、いまの人生の価値は次の人生に見出されることになる――わたしたちが正しい場所に行くならであるが。そうだとすると、この世の人生には道具的価値しかなくなる。来たるべき次の人生への準備となって、そこに入れるようにしてくれる限りにおいてのみ、この世の人生は価値があることになる。わたしは走りのハートビートの中で、このような考え方のアンチテーゼを経験すると思う。いまの人生における内在的な価値を経験するのだ。だからこの経験は、わたしたちがこの人生ですることにも内在的な価値がある、ということの確認なのだ。

トルストイはこの限りでは正しいと思う。人生の意味の差し引き勘定が満足のいくものであるためには、それが人生の辛さを償えるほどのものでなければならない。人生は、トルストイが明らかにした形で恐ろしいものであり、彼が明らかにしなかった形でも恐ろしいと思う。ランニングは、このいまの人生における内在的な価値を指し示すかもしれない。けれども、人生に意味をつけるには、人生における内在的な価値以上のものが必要となるだろう。この内在的な価値は人生の恐ろしさとバランスをとれるほど十分に重要で、十分に大きい必要がある——夢においては、それどころか恐ろしさに勝るほど大きい必要があるかもしれない。他の何かのためにではなく、それ自体のために価値があるものは、このようなことができるのだろうか。わたしは、人生における価値から人生における意味を推察できるだろうか。このためには、人生の恐ろしさについてもっと考えなければならない。これをもっとも基本的な原則まで還元して、その本質を突き止めなければならない。

わたしたちは最後の直線コースに入った。ニナとテスは苦労しながらもまだわたしから離れずに走っており、わたしはそれぞれを軽くたたいて励ます。「もうすぐ家だ。家に着いたら、たっぷり水が飲めるぞ」。これはいつもちょっとした激励になる。二頭は耳をぴんと立てて、あらためて熱心に前進する。わたしたちは七七番アベニューのこの区画をふちどる、ロイヤルパームの並木に沿って走る。ここはキンセールの灌木にふちどられた道とは別世界だ。ニナとテスにとっては、かれらがキンセールで子犬として育ち、明けても暮れてもわたしといっしょに坂を駆け上がったあの頃から、一生涯ほどの時がたってしまった。運河の橋をわたり、ゲートを通って地区に入る。私道の下端まで着くと、郵便箱の前で立ち止まる。だれかが名刺を入れていった。屋根の高圧洗浄をする人らしい。名刺の裏にはひどい文字でなぐり書きされている。「屋根のカビはタイルを腐食します。電話ください」と。

あ、そうだった。不安は目標という専制君主の最大の友なのだ。仕事に戻ることにしよう。

5 エデンの園のヘビ　二〇〇九

節だらけでよじれたオークの枝が、せまい小道の両側からたれている。腐った葉やロイヤルパームの落葉が積もった小道。熱帯に冬はない。春に葉が落ちるが、すぐに新しい葉が芽生えてくる。ここはマイアミ、いまは五月初旬の早朝だが、もう、あたりに熱気がこもっている。熱気は湿った夜気の最後の隠れ場をもとめて、森のいたるところに広がり、石の下を探してガラガラヘビがすむ裂け目に入り込む。熱気の、湿ってねばねばした指はわたしの口や鼻の穴まで入り、肺の中にずるずると進入し、薄くてさらさらした血にしみ込む。

小道の地面は、木の根で編み合わされた、割れて色あせた古いサンゴだ。木の根は、ジャングルの硬化した動脈のように小道をつなぎ、サンゴをつらぬき、くくり合わせている。よじれた根は、どれもがヘビのように見える。新たな一歩は、どれもが信仰の飛躍《リープ》［はっきりした証拠がないのに信じること］だ。熱帯林は急速に前進する生命だ。ここではわたしたちは急速に成長し、若くして死ぬ。ここは生命でみなぎり、生命でむせ返る森。時間が、性急ではかない生命を嘲笑するかのように、熱くて湿った腐敗臭があらゆるものにへばりついている。森は生命を、ランボーが知っていたように知っている。生命は、「絹の花の海の下で、血のしたたる肉の旗」の上を這う虫である。

タスカルーサでは、走りのハートビートは夏のやわらかいタールマック舗装を踏む、しっかりしたドンドンという響きだった。アイルランド、キンセールのラスモア半島では、ハートビートはサッド・シュシュ、サッド・シュシュという足音、周囲の風の中にすばやく消えていくわたしの足音だった。マイアミ郊外では、自動車のシューという音と、庭のスプリンクラーのパシャッとブーンだ。けれども、ここマイアミのジャングルでは、ビートはとてもはっきりしている。サッド・サラサラ・ピット・パタ、サッド・サラサラ・ピット・パタという音だ。足が地面を踏むたびに、いたるところに見られる小さな当地原産のアノールトカゲが、その小さな足で葉をヒタヒタたたきがなら、下草のもっと深いところへと逃げる。わたしはじきに、葉の上で走るトカゲの周波数がわかるようになる。周波数が低くなったら、つまりサラサラ音がもっと長引き、ピット・パタが聞こえなかったら、わたしはストップする。死んだように止まる。ヘビがいるらしいからだ。

ヒューゴーはジャーマンシェパードで、この日、走ったときは生後一八ヶ月余りである。次ページの写真は、マイアミの我が家の庭で撮ったヒューゴーだ。この年のはじめのある日、毎朝のランニングからちょうど戻ったところで、フリスビーを投げてくれと、わたしにせがんでいる。わたしがオファーした情けない四マイルの走りに対する、簡潔なイヌ的コメントである。「これくらいしかできないの、オヤジ?」と。もちろん、この写真を撮ったのは、今日［二〇〇九年五月］より数カ月前だったから、ヒューゴーは、やっと規則的に走れるほどに生長したばかりで、夏のマイアミで走る〝楽し

み〟をまだ知らなかった。だからわたしはヒューゴーにこう言いたい。「文句を言うのは、夏に走ってみてからにしてくれ、君」

ヒューゴーはジャーマンシェパードとしては背が高く、肩丈が約九〇センチで、ほっそりしており、体重は約八〇ポンド〔一ポンドは約四五〇グラム〕だ。すっかり生長したら、九〇ポンドぐらいにはなるだろうが、それ以上にはならないと思う。足はいまだに体に比してやや大きすぎ、それが、とくにキャンター〔ゆるやかな駈け足〕からスプリント〔疾走〕に切り替えるときに、体の動きにある種の無骨な魅力をあたえる。体色は濃く、胸、下腹、脚と足は赤味がかっており、他の部分はすべて黒い。生まれはドイツだから、わたしと同様、ここでは外国人である。

わたしたちはアウトサイダーであるだけでなく、マイナーな無法者でもある。わたしたちのちょっとしたランニングは、法を無視して行なわれるのだ。マイアミは、わたしがこれまで住んだ中では言わずもがな、聞いたかぎりでも、もっともイヌにやさしくない場所である。ただし、わたしが知るかぎりで推測すると、いまではマイアミだけでなく、いたるところでイヌに不親切になったが（これは、何もかもが不親切になっていることの一部だと思う）。何につけても、あらゆる公共の場所でイヌに綱をつけるよう要求する一連の法律が「つきまとう《ドッグ》」〔英語ではこの意味の動詞はdog〕のだ――ダジャレを言っているわけではない。もちろん、特別に設計されたドッグパークは例外である。ドッグパークはマイアミ市全体で三カ所あるらしいが、これらは糞便が散乱する小さな囲い地で、イヌを歩かせることはおろか、ネコを振り回すことすらほとんどできない。いずれにしろ、ヒューゴーは走る必要がある。歩くのではなく走る必要がある。それも、わたしのペースではなく、ヒューゴー自身のペースで、囚人のようにわたしにつながれずに走る必要がある。もし走らなければ、ヒューゴーの魂は死んでしまうだろう。それで、わたしたちは姿を見られない場所で走ることになった。

これまでわたしは何度も、歳をとったり、若返ったりしてきた。いっしょに走る群が歳をとって、いっしょに走れなくなると、わたしもかれらとともに家にいて、いっしょに歳をとった。今日はふたたび若返りつつある。といっても、これは気分の上だけであるが。ふたたび若返るというのは、辛い作業だ。そして、回を重ねるごとに、より辛くなる。いったん若さをとり戻してしまえば、ランニングはふたたび体と魂の両方に思わぬ喜びをもたらすだろう。今日はこれが半分だけ当てはまる。ひざの痛みがやわらぐまで走りつづけられたら、背中がオーバーヒートせず、ふくらはぎがへたばらなかったら、最初の一、二マイルでのアキレス腱の痛みを我慢して、その後はいつものように痛みがおさまったら、老いてきた肺に空気を十分に送りこむことができ、この古びて濁った血が、硬化しつつある動脈をどっと流れることができたら、わたしの体はもう一度、エンドルフィンでちょっとしたパーティーができる。けれども、ヘビの国での、ヒューゴーといっしょの今日のランニングでは、これはありそうもない。わたしは長い、長い自宅待機のあと、ようやく最近になってヒューゴーと走りはじめたからだ。

この自宅待機は二つの出来事の結果だ。マイアミに引っ越してきたばかりの頃、ニナとテスとともに走ってみた。ただし、一度だけ。ニナもテスももはや走れないことが、はっきりしたのだ。こうして、かれらはランニングをやめ、その結果、わたしもランニングをやめた。これは罪の意識からである。わたしがランニングの装備をして家を出ようとするたびに、イヌたちが見せるうらめしそうな顔、「なぜわたしたちを連れて行ってくれないの？」「わたしたちが何をしたっていうの？」という顔と折り合いをつけることができなかったのだ。去年の二月にテスは逝ってしまった。一〇歳だった。このとき、ニナは一二歳で、イヌとしてはたいへんな年寄りで、とてもか弱くなっていた。わたしはニナがどれほど老いて弱っているか、本当にはわかっていなかった。ニナはテスの死後も、三週間はもちこたえ、長年の友だったテスを探して家のまわりをガサガサと歩き回ったが、やがてひどい器官疾患に苦しんだ。わたしはちょうどオランダでの講演から戻ったところだった。この講演は以前からの約束で、断ることができず、三日間、家を空けていたのだ。妻のエマが、ニナの調子がすぐれないと教えてくれた。テスが消えてすぐにわたしが留守にしたからだろうと思った。この診断は正しかったようで、深夜にわたしが帰宅すると、ニナは元気をとり戻し、わたしたちは小さなピッツァを分けて食べた。翌朝、階下に降りると、ニナは立ち上がることができなくなっていた。わたしは、ちょうど三週間前にテスにしたように、ニナを獣医のところに連れて行った。二頭がこうも立て続けに逝ってしまったのは、わたしたちにとってはひどく悲しい出来事だったが、かれらにとってはこれが最良だったのは疑いもない。そして、事がこのような成り行きになったことに、わたしは安堵している。

しばらくして、わたしたちは生後八週間のコロコロ転げ回る子犬、ヒューゴーを手に入れた――わたしたちの息子ブレニンの、最初の誕生プレゼントという都合のよい解釈をつけて［著者は長男にブレニンの名をつけた］。これは本当で、ブレニンは二歳のときからニナとテスを知っており――彼の最初の言葉は「ドッグ」だった――イヌたちがいなくなってしまったときは寂しがったのだ。ヒューゴーが来たのは一年ぐらい前だ。イヌは少なくとも生後一年たつまでは、いっしょに走らせるべきではない。生長しつつある骨がまだこのような活動には耐えられないからだ。走らせる必要があるイヌがいないことと、あれこれ要求の多いベビーによる毎晩の睡眠不足が重なって、わたしは一人で走るように自分に説得することができなかった。少なくとも規則的には走れなかった。そして、規則的に走らないと、ランニングはとても不快で辛い仕事、遊びではなく労働になる。それで、わたしはランニングをすっかりやめてしまったのだ。

このように、長い時間のブランクの後――すべてを合わせると二年――に、今日はマイアミに越してからはじめて、そして父親になってからはじめて、規則的なランニングに復帰するのだ。わたしは太った、のろまな父親になってしまった。今日の走りではまだ、ゆっくりと復帰に取り組むつもりで、かつてのような、走りの体験的な特典はまだ起こりそうもない。もっと好調で、走りのリズムがわたしを魔法のとりこにするなら、わたしの思考は、走っていないときには絶対にしないような躍動を見せるだろう。けれども、今日はそうならないだろう。今日やって来る思考はのろのろしていて、活力がなく、下草にいるヘビの静かなゴソゴソとした動きのようだ。これは、リズムをもたない消耗からくる思考である。これは、わたしがそれほど弱っていなかったなら姿を現わさないはずの思考――わたしの脳が許さないはずの思考――なのかもしれない。体の苦行を介した瞑想、ヒューゴーとわたしが今日走る、南フロリダのこの小さな部分に生きつづける古い伝統なのかもしれない。

この走りをヒューゴーが楽しんでくれるとよいのだが。実際、ヒューゴーは楽しむと思う。若いヒユーゴーは活力ではち切れそうで、朝の道路に出たくてたまらないらしい。それとも、ヒューゴーにはわかっているのかもしれない。わたしがコンピュータの前でぐずぐずと、夜に起こった構想を記録・検証している時間が長引けば長引くほど、ますます暑くなって、自分たちが苦しむことを。あるいは、ヘビが出てきて小道の上や、歴史的には新しい海が森林にまき散らしたサンゴの石ころの上で真昼の日光浴をする前に出かけ、そして無事に家のプールに戻りたいのかもしれない。それなら、わたしも同感だ。

ヒューゴーは先へ先へと進もうとする。森の中では、ヒューゴーはわたしの後ろを走らなければならない。森はヘビでいっぱいなのだ。わたしが噛まれたら痛い目にはあうが、結局はたぶん大丈夫だろう。ヒューゴーが噛まれたらどうなるかは、はっきりわからない。脚や鼻先を噛まれても、おそらく死ぬことはないだろう。けれども、胴体を噛まれでもしたら、生き延びられる見込みはあまりない。それなのに、ヒューゴーは若くてせっかちだから、この先にどんなことが待ち構えているかを知りたがる。わたしの後ろにぴったりついて走り、わたしはつまずきそうになる。「下がれ！」とわたしは叱り、親指でその身振りをするが、内心では、何年も昔から返ってきたこだまを聞くようで、思わずニヤッとする。ヒューゴーは従順に何歩か引き下がるが、この決心も、すぐにまた忘れるだろう。

当然の理由から、わたしはヒューゴーにヘビを怖れるように教える。これは難しくはない。わたし自身、ヘビが怖いからだ。わたしたち親がうまくできることの一つは、自分自身の恐怖心を子どもに伝えることである。といっても、わたしはエマほどではない。彼女はあらゆるヘビを状況には無関係に、硬直するほど怖がる。「ヘビ」という言葉を聞いただけで、青くなる。何年も前、わたしたちのはじめての休暇で、キー・ウェストのハードロック・カフェで食事をしていたとき、ストリート・パフォーマンスをしていた一人の男性がボア・コンストリクターといっしょに登場した。「僕のヘビといっしょに写真を撮ってほしくないかい?」エマが即座に吐いてしまわないよう説得するのに、わたしは全力をつくさなければならなかった(そして、ヘビ使いに金をやって、数ブロック先に移動してくれるよう頼まなければならなかった)。子どもの頃に飼っていたサムという名のヘビのことをエマに話したときには、危うく振られそうになった。ここマイアミでは、アメリカレーサーというヘビが我が家の庭にもいる。敷地内の北東の隅にある灌木の茂みに生息している。この家に住みはじめて二年がたつが、わたしはまだこのことをエマには話していない。そんなことをしたら、わたしたちはロンドン行きの次の便に乗るはめになるだろう。

わたしの怖れはもっと状況と結びついている。ヒューゴーと走っているとき、わたしは合理的に考える。フロリダには四五種のヘビがいるが、毒をもつヘビは六種だけである。だから、いい加減な論理ではあるが、たまたま出会ったヘビが毒をもっている確率は二対一三だ。実際には状況はもっと良い。フロリダ南部のこの地域には四種類の毒ヘビしかいない。しかも、それぞれの種についての個体数で見ると、毒ヘビの数は無毒なそれと比べて少ない。だから、状況はわたしに有利なのだ。この点はわかっている。おまけに、わたしたちが走っているときに近くにいるヘビは、毒があろうとなかろうと、わたしの重々しいドシン、ドシンという足音を聞いて、下草の中へと逃げてしまうだろう。これもわかっている。万が一、わたしが嚙まれたとしても、毒を注入されることはほとんど、またはまったくないだろう。たとえフルに毒を入れられても、生きのびる公算は圧倒的に高い。こうしたことすべてをわたしは知っている。それなのに、どこか近くでヘビの存在を明かすガサガサした音が聞こえてきて、それがどこだかわからないと、わかっていることのすべてが目の前で蒸発し、一吹きの無意味な煙となって消えてしまうのだ。

　ウエールズで育ったとき、イヌのブーツのほかに、もう一匹の仲間がいた。アメリカ産のガータースネークで、わたしはその出身地にちなんでサムと名づけた。ブーツはサムにあまり魅了されなかったが、わたしはサムが好きで、よく家の中を自由に歩かせた。サムは立て続けに何日も姿を消すことがあった。ふたたび現われたときには、ほとんど必ずといってよいほど、母が犠牲になった。母が何かの缶などを探して、カップボードを引っかき回していると、サムが跳び出すのだ（と母は主張した）。本当は母もサムがとても好きだった。それでも、カップボードを引っかき回しているときに、ヘビにその小さな頭を突き出されたら、心臓の鼓動は七〇から七〇〇万に急上し、それを抑えることはまったくできないだろう。サムがそこにいることをどれほど予想してはいても――状況をどれほど合理的に考えていても――ヘビが実際に現われると、根源的で生物的なものに支配されてしまう。そして、この生物的なものは、合理的な考えなど気にもかけないのだ。これが、わたしのヘビについての感じ方である。葉の上を歩くトカゲの高周波のパタパタいう音が、ヘビの気だるいガサガサした音に変わると、わたしの陰嚢はあわてて腹の中に退却しようとする。外皮はもって行ってもいいけど、遺伝子の系列は残しておいてくれ、とでも言いたいかのように。この体の不朽なものは残しておいてくれと。こうして、わたしが意識するのは恐怖だけ、本能的で不合理で、抗し難い恐怖心である。これこそが、わたしが最善をつくしてヒューゴーに伝えることなのである。

　一マイルぐらい、一般的な低レベルの不安がつづくと（時には高レベルのパニックに上昇することもある）、森は草地へと開ける。ここには小さな湖があって、ヒューゴーは体を冷やすことができる。だが、その前に、わたしはアリゲーターやヌママムシがいないか、チェックする。両方ともフロリダ南部ではいたるところで見られるので、いつも入念な注意が必要なのだ。けれども、わたしはこの小さな水場でこれらを見たことは一度もない。だから、熱中症という現実的な危険の方が、ヘビが通りかかる潜在的な危険よりも優先されるべきだと思う。こうして、ヒューゴーは水の中を歩き回り——ここでは泳がせない——、その間、わたしは水面の動きに細かく注意し、足指を緊張させていつでも跳び出せる体勢をとる。数分後には、わたしたちはふたたび走る。ヒューゴーは元気をとり戻して、わたしの先を跳ね回る。ここではそれが許されるのを知っているからだ。ここには古い道路があって、ヘビが日光浴をしていれば、ふつうはその輪郭を遠くからでも見分けることができるのだ。

　このあたりではほとんど毎日のようにヘビを見かけるが、たいていのヘビは無害である。アメリカレーサーはいたるところで見られる。道を縁どる枯れた草の中に、大きなオレンジ色のラット・スネーク［アオダイショウなどが属するナメラ属のヘビの総称］の姿を見かけることがある。また、とてつもなく長くて細いムチヘビが、割れたりはがれたりしているタールマック舗装の上で日向ぼっこをしていることもある。このヘビはすばらしく無気力な性格をしている。ニナとテスの晩年にこの場所をはじめて見つけたとき、わたしが慎重に注意を払わなかったためにニナがまさしくこのヘビの上をまたいで歩いたほどだ。けれども、ヘビが動こうと決心したときの、動きの素早かったことといったら！たとえわたしが捕まえようとしても、できたとは思えない。

　毒ヘビに出会うのは、ありがたいことにまれである。毒ヘビの一つは、すでに述べたヌママムシだ。ヌママムシはコトンマウスと呼ばれることもある。警戒すると、顎を大きく開け、口の裏側が綿のように真っ白だからだ。ヌママムシはマムシ・ハブ類《ピット・ヴィペール》の一種である。このヘビの仲間は、目と鼻の間に一対の穴つまりピットをもつために、ピットという名前がつく。ピットには熱を感知する器官があり、獲物を見つけ、位置を知るのに使われる。この地方では、ヌママムシがいかに攻撃的で、ほとんど悪魔的だという話で楽しませてくれる人に、事欠かない。これは、このヘビがあまりに邪悪に見えるという事実と大いに関係があると思う。この地方に見られる他の毒ヘビのいくつかのような、美しい模様もない。体は黒くて太く、健康な状態では肥り過ぎのように見える。頭はしばしばやや淡い色で、茶色のドクロのようだ。わたしはまだフロリダ南部ではヌママムシに出会っていないが、アラバマに住んでいた頃にはたっぷり見かけた。アラバマでは四月と五月の繁殖期間中、すなわち冬眠から目覚めた直後（フロリダ南部では冬眠しない）は、いささか問題だった。けれども、大方において、少なくともわたしの経験では、ヌママムシは比較的おだやかだった。また、このヘビは水場から何マイルも離れるとされているが、これはきわめてまれである。それで、ヒューゴーが水に入っている間は、わたしはこのヘビに注意をするが、いったん湖を離れたら、別の、もっと警戒を要するヘビがいる。

このあたりではだれもがサンゴヘビを怖れる。コブラ科のヘビだからだ。赤、黒、黄色の鮮やかなしま模様をもち、無害なミルクヘビと混同されやすい。この二種を区別するには、しま模様の色の順番をよく見なければならない。赤のとなりが黒ならば、ジャックの友だち、赤のとなりが黄色なら、「ヤツを殺せ」と覚えるのだ。もちろん、わたしのひどく弱りつつある視力では、この違いを調べるためにヘビに嫌というほど近寄らなければならない。だから、あらゆる状況を考慮すると、別の道を走る方が得策なのではないかと思う。サンゴヘビの毒は神経毒で、神経系を攻撃し、窒息死をもたらす。フロリダにいる他の毒ヘビはすべて血液毒、つまり赤血球を攻撃する毒をもつ。神経毒の方が致命的であるが、血液毒に見られる「さっさと死なせてくれ」の痛みが起こるわけではない。サンゴヘビに噛まれると三〇分以内に死ぬ、とフロリダ人はわたしに言うが、実際にはこれは誇張である。まず、必ずしも死ぬとはかぎらない。すべては、どこを嚙まれたのか、どれほどの毒が注入されたのか、最寄りの抗毒素センターまでたどり着くのにどれだけかかるか、にかかってくる。第二に、理解しがたい理由から、サンゴヘビの中毒症状が出るのに何時間もかかることがある。最初の症状はのどの痛みで、つづいてまぶたを開けていられなくなる。目覚めた状態でいられないからではなく、まぶたが言うことを聞かないのだ。この症状があったら、即座に処置が必要で、処置が得られたら、生きるチャンスはまだ大いにある。

サンゴヘビやヌママムシよりもわたしが心配なのは、ヒメガラガラヘビである。この最南地域にはシンリンガラガラヘビはいないが、これの小型の親類——六〇センチ以上に育つのはまれである——ヒメガラガラヘビは、小さいくせに攻撃的なやつで、いわばヘビ世界のナポレオンである。足音を聞きつけても道をゆずらず、自らの存在を知らせて警戒させるのも下手と、うれしくない性質の組み合わせをもつ。ガラガラ音は小さく、ガラガラヘビというよりもコオロギのようにかすかな場合が多い。毒性も小さな体には似合わず強い。嚙まれても、少なくともわたしにとっては致命的ではないが、極端な痛みを伴う。

けれども、今日の走りでは特別なことが起こる。わたしたちはそれ以後、二度と目にすることのないものを見ることになる。目の前の道路で、朝の暑さの中で平然と日光浴をしているのは、北アメリカでもっとも印象的なヘビ、ヒガシダイアガラガラヘビらしいのだ。このヘビは実に美しい動物だ。この名前は、体じゅうにならぶクサビ状の模様が、ダイヤモンドの格子細工をなしていることに由来する。濃い茶色が角を縁取り、中がベージュを帯びている。茶色とベージュは一九七〇年代の色、わたしの子ども時代、わたしの家だ。ヒューゴーとわたしはちょっとだけ立ち止まってヘビを眺め、それからまた走りつづけた。

これはヘビの話、父親たち、そしてわたしが二度と戻れない家の話だ。サタンがイヴの前に現われたときに、ヘビの姿を選んだのには理由がある。ウサギ、鳥、リスあるいはナンキン虫の姿をとらなかったかには理由があるのだ。

初めに、闇が深淵の面《おもて》にあり、世界には形も空《くう》もなかった。そこで、父なる神は言った「光あれ」と。こうして光ができた。そして神はこれを良しとされた。巧妙なトリックだと思われるかもしれない。けれども、神はどのようにしてこれをやってのけたのだろう。もちろん、光はエネルギーであり、神はエネルギーを創造するために——後にわたしたちが知恵のおかげで発見した——二つの原則を利用した。熱力学の第一と第二の法則である。第一の法則によると、エネルギーは創造も破壊もできず、単にある形から別の形へと転換させることだけができる。第二の法則によると、あらゆる閉じた系は最大の無秩序に向かう傾向がある。

わたしたちが閉じた系だとするならば、わたしたちは最大の無秩序に向かうはずだ。これは、わたしたちがやがて生存しなくなることを意味する。あなたやわたしのような複雑で複合的な構造は、秩序をもつ。わたしたちの複合性はわたしたちの秩序の尺度である。ある系が秩序を失うほどに、それは複雑ではなくなる。最高に無秩序になった系は、それを構成している粒子へと分解した系である。これは、あらゆる閉じた系の運命である。科学者たちは無秩序を「エントロピー」と名付けた。エントロピーによる破壊を避けるには、エネルギーが必要である。これが、第二の法則が言っていることである。しかし、第一の法則は、わたしたちが単に無からこのエネルギーを創造することはできないと言っている。わたしたちはこれを、他のどこかから得るか、もっと正確には、他の何かから得る必要がある。このように、あらゆる生き物と同じように、わたしもまたエネルギー変換者である。わたしは他の何かからエネルギーを取り上げて、これを自分のものにするのだ。

神が「光あれ」と言って、この命令を熱力学の法則を通して実行することを選んだとき、何をしたかを考えてみよう。その瞬間、神が創造しようとする世界は、エネルギーをめぐるゼロサム［ゼロ和。損失と利益の総和が全体でゼロになること］競争となるよう運命づけられた。熱力学の第一の法則が、世界をゼロサム競争にする。エネルギーは創造も破壊もできないので（この法則は天地創造の開始後にのみ当てはまるらしい）、一定の量のエネルギーがあるだけで、それ以上は存在しないからだ。そして、第二の法則による破壊を避けようとするものは何でも、エネルギーをもつ他のものを破壊し、これらがもつエネルギーを着服することによって、エネルギーを得なければならない。複合性は秩序で、秩序は第二の法則への挑戦である。わたしたちはみな、マイナーな無法者である。わたしたちは法則を無視して生きている。わたしたちは、借りた時間と盗んだエネルギーによって生きているのだ。神が「光あれ！」と言って以来、宇宙はこれまでずっと残酷で容赦のない場所であったのだ。

熱力学の法則はあらゆる生き物の形を決定し、そこから、ある明瞭な結果を出す。すなわち、ほとんどの生き物の基本的なデザイン構造は管である。理由は簡単にわかる。管という意匠は、エネルギー変換には理想的だからだ。植物は固定的な管、動物は動く管である。動物になった管では、エネルギーが構造化された生命物質の形をとって、片方の端から入る。生命物質は分解され、エネルギーが解離され、老廃物が管のもう片方の端から出される。デザインの観点からは、管はこの必要性を満たすもっとも単純な方法である。熱力学の二つの法則が適用されないと想像される、他のある宇宙からきた動物学者がこれを見たなら、地球のほとんどの動物をワーム〔ミミズやサナダムシのような管状の小動物の総称〕の亜種として分類するだろう。わたしたちは、自らの消化管の上やまわりに築かれた上部構造、かつての自分であったワームの上やまわりに築かれた上部構造なのだ。

サタンが天から地に堕落するまえは、サタンは明けの明星で、天使の中でももっとも美しかった。ルシファー〔悪魔という意味と明星という意味がある〕にはラテン語で「光をもたらすもの」という意味がある。けれども、天から地球に落とされれば、熱力学の第一と第二の法則、つまり地球の基本的な法則に従わなければならない。明の明星、光をもたらすものは、エネルギーの生産者からエネルギーの変換者へと変わるのである。明けの明星は管になる必要があるから、エデンの園ではヘビの姿をとらなければならなかった。サタンがヘビの姿をしてイヴの前に現われたとき、彼は媒体でありメッセージであったのだ。彼の形態は、わたしたちが忘れようとしていることをどうしても思い出させる。わたしたちの上品ぶった肉体という衣装は、ワームの骨組みにまとわれているだけだということを。わたしたちはこのことをほとんど忘れることができているが、この証拠はじわじわと滲み出てくるのである。

生命のワームはますます複雑になる。ワームの上やまわりに、ますますめざましい肉体の骨組みが築かれるのだ。これもまた、熱力学の法則の結果である。ワームは他のワームを食べて、そのエネルギーを手に入れようとする。相手のワームは身を守る殻や甲羅を発達させて、食べられるのを防ぐ。前者のワームは歯や爪といったメカニズムを発達させて、甲羅を壊そうとする。後者のワームはもっとがんじょうな甲羅や、敵の歯や爪から逃れるための移動手段を発達させる。こうして、生命が展開していく。

けれども、そのうちに、奇妙で予想外のことが起こる。ワームの一部、あるいはこのワームの競争の結果として発展したものの一部が、複合性の一定の閾値レベルに達し、意識をもつようになるのだ。これがどのようにして、いつ起こったのかは、だれにも完全にはわからない。けれども、これは起こった。これは恩恵なのか、それとも呪いだろうか。

熱力学の二つの法則から、死と破壊は生命のプロセスに本質的な要因として組み込まれざるを得ない。ある生命は、他の生命が死ぬ場合にのみ生きることができる。このような法則によって設計された宇宙は、破壊のモンタージュになるだろう。それでも、意識が――動物という形をとって――発達するまでは、この宇宙にはなんら苦しみはなかった。苦しむことができるものはいなかったのだ。植物や非常に単純な動物のような、意識なしに生きているものは、破壊され、死ぬことはできても、苦しむことはできない。苦しみというのは、この破壊や死を意識することだからだ。苦しみと楽しみの両方をこの世にもたらすのは、意識なのである。楽しみが苦しみに勝るなら、これが恩恵だということを否定する人はいないだろう。けれども、いま述べたような類いの宇宙の中で意識が発展してきたのなら、意識がこれをどのようになし得るかを見るのは難しい。

一九世紀の哲学者、アルトゥーア・ショーペンハウアー――ふつうドイツ人だと思われているが、現在はポーランドに属するグダンスクで生まれた――は、この点をだれよりも明確に見た。彼は熱力学の法則など知らなかったし、エネルギーをめぐるゼロサム競争についても考えなかったが、彼の宇宙観は、わたしが先に描いたものに似ていた。すなわち、このような類いの宇宙の中で意識が発展してきたのなら、意識が楽しみよりも多くの苦しみをもたらすのは避けられない、と考えた。「この世界で楽しみが苦しみに勝るという主張や、いずれにしろ両者のバランスがとれているという主張を性急に吟味するのは、他の動物を食べている動物の気分を、食べられている側の動物の気分とくらべるようなものだろう」と述べている。意識自体は悪くはない。だが、意識は悪い宇宙、つまり熱力学の法則にしたがって設計された宇宙で発達してきたのだ。

ワームの子孫が一定のレベルの複合性に達し、それとともに意識をもつようになると、各自がエネルギーをめぐる競争でどのようにやっていくかを、意識的に区別できるようになる。大雑把に言えば、闘いがうまく行くサインは「楽しみ」とか「喜び」と呼ばれ、うまく行かない兆候は「苦しみ」とか「痛み」と呼ばれる。闘いがうまく行っていれば、何事も変わらないかぎり、事はうまく運びつづけるだろう。だが、闘いがうまく行きそうもない場合には、闘いに取り組む必要がある。なぜなら、うまく行こうが行くまいが、じきにそもそも闘いの機会がこれ以上はなくなるかもしれないからだ。したがって、ワームの子孫たちの意識は、エネルギーをめぐる闘いの中でも、うまく行きそうな闘いよりもうまく行きそうもない闘いに対して、はるかに敏感でなければならない。こうして、意識をもつあらゆる生物の生活においては、並みはずれて幸運な場合を除いては、苦しみが楽しみを圧倒するであろう。一生の間に経験する苦しみは喜びに勝るのだ。

だからこそ、わたしたちは物事がうまく運んでいるときには、そのことに決して本当には気がつかない。うなり声を上げるわたしの右のアキレス腱は——最後の数マイルは眠ってしまっていたが、いまや不快な気分で目を覚ました——この点をわたしに痛々しいほど明瞭に指摘する。これ以外にはすべてがどれほどうまく行っているか、わたしはすっかり忘れているのだ。もちろん、すべては相対的ではあるが、心臓はまだしっかり鼓動しているし、肺はまだ空気を吸っては吐く仕事をなんとかやっている。片方のアキレス腱以外は、脚はまだ不平も言わずになすべきことをしている。このように、全体としてはわたしの体は良い仕事をしている。けれども、このことにわたしは気がついているだろうか。物事がこうもうまく運んでいることに、わたしは感謝の念を感じているだろうか。もちろん、感じていない。ショーペンハウアーも次のように認識している。

川が障害物に出会わない限りはすらすらと流れるように、人と動物の性質も、わたしたちの意志にとって快いものには決して本当には気がついたり、意識したりしないようにできている。わたしたちが何かに気づくことができるためには、わたしたちの意志がそれまで妨害されているか、あるいはなんらかのショックを経験していなければならない。他方では、わたしたちの意志に反したり、妨害したり、抵抗したりするあらゆるもの、つまり不快で痛みを伴うあらゆるものは、わたしたちに即座に、じかに、そしてとても明確に心に焼きつくのである。

わたしたちの意識または自覚はかならず、人生で順調に運ぶことよりも、うまく行かないことに、はるかに多くの関心をもつ。走っているときに心臓が能率よく鼓動するということは、配慮すべきことではない。事情が変わらないかぎり、心臓は能率よく鼓動しつづけるだろうから、わたしがすべきことは何もないのだ。ところが、わたしのやかましいアキレス腱には配慮しなければならない。たとえ、ここでの配慮とは、アキレス腱に注意して何をすべきか――走りつづけるか、ストレッチするか、それどころか、走るのをストップすべきか――を判断するだけだとしてもである。もし、配慮しなかったら、アキレス腱は切れるかもしれず、そうなればわたしのランニング人生は終わりである。このように、悪いことには配慮が必要で、良いことには必要ではない。だからこそ、意識は悪いことに集中しがちなのである。

人間がもつ相対的に洗練された認識能力、とりわけ過去の出来事を思い出し、未来のことについて取り越し苦労をする能力は、人間にとっての状況をさらに悪化させていると、ショーペンハウアーは主張する。

この感情のおもな源は、目の前にないものや将来への考えで、この考えは、人がするあらゆるものにあまりに強い影響を与える。これこそが人の憂慮、希望、怖れの真の起源である。これらの感情は、現時点の喜びや苦しみだけしかもたない動物の場合よりもずっと深く、人の心を動かす。人はその内省、記憶、予見の力において、喜びと悲しみを凝縮し、備蓄する機械のようなものをもつのである。

ショーペンハウアーはここで、もっと基本的な形の意識に関する彼の議論を構築している。意識が、うまく行っていることよりもうまく行かないことに、より大きな焦点を当てがちだとしよう。記憶と予想は、相対的に洗練された形の意識でしかない。だから、良いことよりも悪いことに関心をもつことは、これらにとっても意味がある。わたしたちの記憶と予想は良いことよりも悪いことを偏重する傾向があり、それによって悪いことがふたたび起こるのを防ぐことができるようにする（記憶）か、そもそもこれが起こらないようにする（予想）ことができるのだ。意識がますます洗練されると、苦しみと楽しみの不均衡もますます加速される。生きるということはあらゆる生き物にとってひどいものだ。だが、生きることは、他のあらゆることがすべての生き物にとって等しいとしても（人間はそうでないことを確認しようと労をとるだろうが）——とりわけ人間にとっては最悪なのである。

ショーペンハウアーは、旧約聖書で受け入れられるただ一つのものは、人間の堕落［アダムとイヴの罪］の話だと述べている。この話が旧約聖書に含まれる「唯一の形而上学的な真実」だからだという。ショーペンハウアーは、この話が文字通りに真実だとは信じなかった。わたしも同様である。もっとも重要な真実はつねに寓話の衣装をまとって現われ、その寓話のもっとも重要な真実は、そこで明らかに示されているものではなくて、わたしたちがしぶしぶ行間に見出すもの、行間からにじみ出てくるものなのだ。このことを、ショーペンハウアーはおそらくはだれよりも鋭く理解した。天地創造や人間の堕落の話においては、わたしたちは話の文字通りの真実や虚偽を、ショーペンハウアーにしたがって「形而上学的な」真実と呼べるものから区別する必要がある。「なぜなら、これらの話からわたしたちは、自分がふしだらな父親の子どものように、あらかじめ罪を負って世界に入り込み、自分の存在が惨めでその終末が死であるのはひとえにこの罪をつぐなうためなのだ、と考えるようになるからだ。（中略）わたしたちの存在は、悪行がもたらす結末、禁じられた欲望に対する罰に、何よりも似ているからだ」

もし神が全知、全能、全善であるのなら、神はしたいことは何でもでき、誤りは冒さないはずである。それなら、なぜ神は熱力学の法則にのっとって設計された宇宙を創造したのだろう。これらの法則は、結果として生じる宇宙が破壊と死のゼロサム・パノラマになることを保証している。この宇宙に意識がいったん生起したら、常に苦しみが幸福に勝つであろうことを保証している。生きることがすべての生き物にとってひどいものになり、自称「最高の種」にとっては最悪になることを保証している。これが父なる神のなすすべての業であるなら、なぜ神はこのようなことを自分の創造物にするのだろう。もっとも明白な説明は――そしてこれ以外の説明は想像しがたい――神はわたしたちの悪行を罰しているのだ、ということである。もし神が存在し、わたしたちを創造したのなら、神が天国への梯子を引き上げ、天国の門を閉めて封鎖してしまったのはかなり確実である。どうやら、神は自分の子どもたちをまったく好きではないようだ。

これはおそろしく悲しい。ショーペンハウアーが悲観主義の哲学者として有名になったのには、十分に理由があるのだ。それでも、わたしがショーペンハウアーに関してもっとも興味深くて啓発的だと思うのは、人間の苦境についての彼の記述ではなく――彼が言うことのほとんどは正しいとは思うが――、それに対する彼の反応である。これは控えめに言っても、意外である。ふつう、ショーペンハウアーのことを考えるとき、この反応についてなどは考えないだろう。しかし、これは、ショーペンハウアーが言ったことの中でもっとも重要だと、わたしは思うようになった。

あなたがいま、とても不快なバス旅行をしていると想像してみよう。道路は汚れたわだちでしかなく、いたるところに穴があって、あなたは座席の上で絶えずはね返される。座席はただの木の板で、乗っている間に尻がますます痛んでくる。冷房がないので、とても暑苦しい。汗が背中をしたたり落ち、体が臭いはじめる。けれども、これは周囲の人々にくらべれば何でもない。悪臭を放ち、げっぷをし、放屁する、うるさい人の群れだ。多くの人は家畜やその他の動物を連れている。子どもたちは叫び、目の前でおむつが取り替えられる。トイレットは詰まり、あふれ、人々も動物も通路で排泄している。あなたも含めてだれもが、どこに行こうとしているのかまったく知らないし、どこから来たのかも皆目わからない。それでも、あなたの周囲の人たちはみな、どこで降りようとしているのか、降りた後にどうするのかについて、下らない話をでっちあげている。論理の根拠づけもなく、証拠もなく、満足のいくような説明もない。

ふと、あなたの視覚の隅に、だれかがあなたを見つめているのを感じ、あなたは振り返る。その目には、あなたと同じ苦悩が見える。同じような希望のなさと無益さの認識、同じ不快感、同じ恐怖だ。その瞬間にあなたは、二人ともこの状況の中ではいっしょなのだと悟る。そして、この認識は即座に、バスの同乗者たちすべてに行き渡る。かれらは、あなたの目をとらえた人ほどには明晰ではなく、意識が高くはないかもしれないが、これはすべて程度の問題である。あなたは、このバスのすべての人がある程度までは――ある人は十分に、ある人はわずかに――自分の悲惨さを理解していることを悟る。かれらが語り合う下らない話は、混乱や恐怖によって焚き付けられるのだ。この認識は目と目の間を走る稲妻のようだ。こうしてあなたは、同乗者たちの欠陥とみなしたことも、許せるようになる。かれらもまた、あなたと同じように怖れ、うろたえ、ショックを受け、嫌気がさしているのだ。同乗者たちに対してとるべき唯一の適切な態度は、寛容さ、忍耐、そして心遣いだ。かれらはこれを必要としているし、それを受けるに値するのだ。

このことは実質的には、ショーペンハウアーが世界の性質についての考察から到達した結論である。

実際、世界そして人間がそもそも存在すべきではなかった何かだという確信は、わたしたちの心をお互いへの寛容で満たすのに適している。そう、この観点に立てば、人と人の間の呼称は「親愛なる紳士」、「ムッシュー」、「サー」などよりも、「苦難を共にする仲間」、「同病者」、「苦しみを分かつ者」の方が適切だとも考えられる。これは奇妙に響くかもしれないが、これこそが事実に合致したものであり、他者に正しい見方を示し、人生でもっとも必要なこと、すなわち寛大、忍耐、いたわり、隣人愛を思い出させる。これらはだれもが必要とし、だからこそだれもが仲間に対していだく義務があるのだ。

ところが、重要な疑問は、ショーペンハウアーが考えもしなかったらしい疑問である。すなわち、エネルギーをめぐるゼロサム競争の世界にあって、寛大、忍耐、思いやり、隣人愛といったものが、どうすれば可能なのかという点である。

ヒューゴーとの走りから戻ると、わたしの形而上学的な思索はもっと世俗的な目下の関心事で中断される。ここでわたし、新米パパは樽のような胴体を見下ろす。消耗し、汗をかき、ランニングから戻って、果たすべき義務がいっぱいのわたしだ。ブレニンはもうすぐ二歳になるところで、マッセンは生まれて二週間だ。二人ともおむつをつけており、おむつは取り替えなければならない。体に入ったエネルギーは体からふたたび出てくる。この二年間、そして今後少なくとも二年間は、わたしの世俗的な存在は、熱力学の二つの法則がもたらすこの結末、生命の根本的なデザイン原則の証拠を隠滅することなのである。

わたしは言葉では言いつくせない形で、あるいは考えにすら移せないような形で息子たちを愛している。この愛は生後数週間で始まった。一目惚れと言いたいぐらいだ。息子たちを最初に見たときから愛し、かれらにしっかりかじりついて、息子たちを決して放したくなかった。この言い方は、すべて本当だとは言えないかもしれない。長男が生まれて最初の二週間ぐらいはショック状態にあった。息子にぴったりと寄りそっていなければならないと思うと、愛するより先に怖れ、おののいた。そのようなときに、息子はわたしにあることをした。冷淡で容赦ないほど計算づく、と思わずにはいられないことだ。実際、二人ともが同じことを同じ時期、生後二、三週間のときにした。わたしに、微笑みかけたのだ。息子たちがわたしに微笑みかけて以来、わたしはかれらの奴隷なのである。

けれどもこれは、自分が感じることを書いたり考えたりできないことを示すために、わたしが使う表現でしかない。息子たちを愛していて、必要とあれば息子たちのために銃弾で撃たれてもよい――これもまた、明らかにマッチョ的なメタファーだが――と言いたいだけなのだ。しかし、どこで愛は、ショーペンハウアーが描いたような宇宙の見方と適合するのだろうか。エネルギーをめぐるゼロサム競争の中で、愛のためにはどのような場所があるのだろう。

愛はおかしな小さなパズルだ。まず、愛は熱力学の二つの法則と両立する。とどのつまり、愛はこれらの法則をめぐって築かれた宇宙の中で成立した。だから愛は、これらの法則が明らかに愛を不可能にしないという意味で、これらの法則と両立する。スポーツイベントではときに、ゲームのルールには違反しないものの、問題があるようなことをだれかがした場合、「これはゲームの精神に反する」と言うことがある。愛は法則に書かれていることには従ったかもしれないが、愛には、人生の偉大なゲームの精神への迷惑をかえりみなかったようなものがある。熱力学の二つの法則から起こるもっとも明白な結果は、人生がエネルギーをめぐるゼロサム競争になるということだ。そこで愛は、何らかの方法で、驚くほど不可能ではありながらも、ここに入り込んだ。エネルギーをめぐるゼロサム競争の精神にこれほどあからさまに反することが、どのようにしてこの競争から出現することができるのだろうか。

ワームの子孫の一部は、自らを守り、生命の偉大なゲームの交換媒体物であったエネルギーを守るために、固い甲羅を発達させた。エネルギーを他者から盗む方法をあみだした者は、歯を発達させた。さらに別の子孫は、自分のエネルギーを奪おうとする者から逃れるための移動方法を発達させた。他者からエネルギーを奪おうとする者は、追跡のための脚と捕獲用の爪を発達させた。そして、ある時点で、ワームの子孫の一部は群をつくった。自分たちのエネルギーを奪おうとする者から、より効果的に身を守るため、あるいは、より効果的に狩猟をして、捕食した相手からエネルギーを奪うためである。そして、これは効果的で安定した進化的な戦略であることが明らかになった。

このような群は、最初は小さかった。両親と子どもたちからなるサークルで、それ以上ではなかった。そのうちにワームの子孫たちの一部では、群が大きくなった。しかし、その大きさがどうであれ、なぜ群の形成がそもそも起こったのかを忘れてはならない。個々の生物は、群のメンバーである方が、生き残る可能性が高く、それによって自分の遺伝子を子孫に伝える可能性が高くなる。群はそれを構成する個々の個体、そしてそれぞれの遺伝子に利益をもたらすのだ。この点だけが、群の形成を進化的に正当化した。

ここから、問題が起こる。群を成すすべてのメンバーが、究極的には自分が利益を得るために群にいるとしよう。表面上この群は不安定な事業体であって、仲たがいやけんか、利益の衝突の傷を負いやすいように見える。このような群をどうしたら団結させることができるのだろう。いくつかの生物——アリ、シロアリ、ミツバチなどが好例——では、驚くほど大きな社会的な群れが、かすかな化学物質の信号によってまとめられている。だが、ワームの子孫の中には、すっかり別の種類の生き物になったものがある。これらは感覚が鋭くなり、感情をもつことができるようになった。これらの生き物こそが、それまでとはまったく異なる進化的な戦略の豊かな土壌となった。これらの生き物は無作為な突然変異と自然選択によって、お互いを好むようになったのである。

それだけではなかった。子孫の一部がお互いを好むようになって、それに対応した行動をとるようになったとしても、進化はまだほかの者たち、すなわち理由はどうあれ、こう感じてほしいと期待されているようには必ずしも感じず、そのために決まりを守るとは限らない子孫にも対処しなければならなかった。厳しさの等級を増やして、群からの排除や死をも辞さない罰の役割は、群をまとめるのに重要な役割を果たす。けれども、その後に発達してきたワームの子孫、すなわち哺乳類の社会的な群――コヨーテ、オオカミ、有尾猿や類人猿、人間というサルですら――を見れば、群が罰による脅しだけでまとまっている、というのがまさに誤りであることがわかる。このような脅しによってだけまとまっているような人間社会があるとしたら、それは社会病質者の集まりになってしまうだろう。ある種の犯罪的な団体はこのような状態に似ているのかもしれない（ただし、たいていはそうではないと思うが）。ここからは、人間社会一般についてのひどく間違ったモデルしか生まれないのは明確だ。社会病質者ではないわたしたちのほとんどにとっては、お互いを好むのは自然、生物学的に自然である。お互いに対して好意や関心をもち、他者の存在を喜び、他者がいっしょにいることを喜び、いないと寂しがるのは自然なのだ。これらの感情が欠けているとしたら、それは、基本的な生物学的なレベルで何かが間違って進んだことの兆候である。ダーウィンが社会的な本能と呼んだこれらの感情は、社会的な動物の群をまとめる接着剤である。だから、こうした好意の感情をもつ動物は、エネルギーをめぐるゼロサム競争で争うための備えがより優れているのである。

好意、思いやり、愛といった感情は熱力学の法則に書かれたことに従ってはいるものの、これらの感情の中には法則の精神に反することもある。わたしが息子たちに感じる愛は、進化的な観点からはもっとも簡単に説明できる。息子たちはわたしの遺伝子をもっているから、わたしはかれらを愛するのだと。そこから行なわれるわたしの行動を、生物学者は「血縁者の利他的行動」と呼ぶ。進化がわたしにこれらの感情を備えたのは、これらの感情がわたしの遺伝子を後世に伝えやすくするからである。つまり、この種の愛の起源とこの愛を存続させるものの両方は、自然選択にかけられるわたしの遺伝子の伝達によって、説明がつけられるのだ。この主張は正しい。しかし、多くの人はここから誤った推測を引き出してきた。この点を理解することは、愛がどのようにしてそれを作り出した法則を凌駕できるかを理解するために重要である。

こんなふうに説明すると、わたしは息子たちを本当には愛しておらず、かれらの遺伝子だけを愛しているのだという意味にとる人がいる。この考え方には二つの混同がある。まず、論理的な誤謬——「遺伝的な誤謬」として知られる——がある。わたしが本当に愛しているのはわたしの遺伝子だけなのだ、という主張は、わたしの愛の起源、つまりわたしの愛がどこから来るのかということを、わたしの愛の内容、つまりわたしの愛が何であるのかということと混同している。ある感情の起源と内容とを区別することは、ある感情や気分を起こすものと、その感情や気分の対象とを区別することである。この区別はきわめて一般的なもので、愛だけでなく、あらゆる感情に当てはまる。たとえば、わたしが疲れていたためにだれかに怒ったとしよう。疲れはわたしの怒りの起源である。もし、わたしが疲れていなかったら、他の人の行動でわたしが怒ったりはしないはずだからだ。それでも、わたしがその人たちのことで怒っているのは本当で、この場合、わたしの疲れに怒っているわけではない

(他の状況では、疲れに怒ることもあるだろうが)。

愛の起源を説明するというのは、何が愛を起こすのか、愛がどのようにして生ずるのか(そしてまた、愛がなぜ今日も存在するのか)を説明することである。愛の内容を説明するというのは、愛がもつ対象、この愛が何の愛なのかを突き止めることである。わたしが息子たちを愛するのはかれらがもつ遺伝子の故だというのは、真実かもしれない。これは、わたしの愛の起源についての説明だ。この起源は生物学的な戦略の中にあり、次のような前提、つまり、わたしのように息子を愛する父親はそうでない父親にくらべて、統計的には、成人に達する息子をより多くもつ公算が高く、したがって自分の遺伝子を伝達する状況にある、という前提にもとづいている。こうして、それ以外のすべての条件が等しければ、進化はわたしのような父親の遺伝子に有利に働くということになる。それでも、このことから、わたしが本当は息子ではなくて自分の遺伝子を愛していると推測するのは、わたしの愛の起源と内容の混同である。わたしの遺伝子はわたしの愛の原因かもしれないが、わたしの愛の対象はあくまで息子たちなのだ。だから、わたしが自分の遺伝子ではなく、わたしの息子たちを愛しているというのも、真実である。

わたしが息子たちではなくて自分の遺伝子を愛しているという考え方は、愛の起源と内容の混同のほかに、もう一つの混同にもとらわれている。わたしたちは遺伝子によって駆り立てられ、あるいは指図される、無意識のプロセスの奴隷なのだという考え方である。実質的にはこの考え方は、わたしの遺伝子がわたしよりも賢いと仮定している。しかし、わたしの遺伝子は、わたしがどれだけのことを知っているかを知らない。身体はただの殻だが、遺伝子の糸は不死身だとするのは、わたしの息子たちがわたしの遺伝子をもつ、という考え方と関係する大きな神話だ。わたしの中にある不死身なラセンが、息子たちに伝えられ、息子の子どもたち、そしてまたその子どもたちに伝えられる、という考え方は誤りである。

まず、明白な点を指摘すると、わたしの息子はわたしの遺伝子の半分をもつとされるが、これは本当ではない。わたしはどんなチンパンジーとも、九四から九八パーセントの遺伝子を共有しており、これまでに知られている指標からは、九〇パーセント以上の遺伝子をどのようなイヌとも共有していると考えられている。わたしがヒューゴーと九〇パーセント以上の遺伝子を共有しているのに、自分の息子とは半分しか共有していないとは、なんと奇妙なことであろう。実際には、わたしが息子たちと共有しているのは、わたしをなす遺伝子の五〇パーセントなのではなく、人ごとに異なることがある遺伝子の内の、ほぼ五〇パーセント、つまりわたしの遺伝子コード全体のほんの小さな部分なのである。人ごとに異ならない遺伝子はというと、これらはわたしを基本的な生物学的な意味でヒトにすることで役割を果たしており、それだけである。これらの遺伝子をわたしが他のすべてのヒトと共有しているからといって、これらの遺伝子がわたしという個人をつくっているわけではないのだ。これらの遺伝子をわたしが愛する理由はない。これらの遺伝子のために胸に弾丸を受ける覚悟などないのは、たしかである。

このように、わたしの愛の対象になりそうな遺伝子があるとしても、それらはわたしの遺伝子コード全体の中では消えるほど小さな部分に限られるだろう。人ごとに異なり、わたしという個人をつくるのに役割を果たす遺伝子である。このような遺伝子には何が起こるのだろう。わたしに特異的なこれらの遺伝子、わたしの中にあるわたし特有の遺伝子のすべてを、息子たちがもっているわけではない。これら特有の遺伝子のほぼ五〇パーセントは妻のエマから来たはずである。だから、わたしの元々小さかった不死身の寄与率は、すぐに半減したわけだ。わたしの息子たちが子どもをもつなら――生物学的には、わたしの遺伝子にとってベストシナリオだ――孫におけるわたしの寄与率はほぼ二五パーセントに減ってしまう。やがて、宇宙的な見地からすれば一瞬の内に、わたしの遺伝的な寄与率は漸近的にゼロに近づく。このように減りつづけ、すぐに実質的にはゼロになる遺伝的な寄与を、なぜわたしは愛するだろうか。そのようなことをするわたしは、かなり愚かであるはずだ。人の特性あるいは性癖が遺伝的であるなら、その性癖はその後に起こる理性的な推量を介した干渉や修正に対して抵抗力がある、と考える人がいる。このような想定はまったく誤解である。

＊

生涯の半ばにさしかかるより少し前、わたしはしばらくの間インドにいた。大学が夏休みだった二、三ヶ月間だから、長くはない。わたしはかなりしぶとい細菌性赤痢のために、動くことができなかった。バスや列車に乗る前の三日間は、飢餓状態にしておかなければならなかった。赤痢は、ふつうの下痢がいくらかひどくなったようなものとは違う。腸に対してコントロールがまったく効かなくなるのだ。自分に残るのは、数秒の猶予期間だけである。体内にまったく何もなくなったときだけ、おそるおそるトイレから離れてみることができた。インドで思い出すことの多くは、ホテルの天井である。ベッドに横たわり、天井を見つめて、わたしの構築された体の芯をなすワームが、そのエネルギーを出して、空にするのを待ったのだ。

ある日わたしは、あれやこれやの所へと向かう、栄養不足状態でのバス旅行の一つをしていた。まだジャンムー・カシミール州か、もしかしたらヒマーチャル・プラデーシュ州にいたと思うが、自分がどこに行こうとしていたのかとか、どこから来たのかは、まるで覚えていない。その旅行でわたしはある光景を見たのだが、その時には、それについてほとんど考えなかった。けれども、この記憶はわたしの中にくだを巻いて残り、その時がくるまで、わたしが父親になるまで、じっと待っていた。バスは山の中のある村でストップした。バスに乗っていた人々は知らない人ばかりで、かれらは路上の物売りから昼食を買った。これにはわたしの腸が反抗したので、わたしは買わなかった。そこで、村はずれまで歩いてみた。村と森の境のあたりに一群れ、たぶん四〇頭ぐらいのアカゲザルたちが道路わきにすわっていた。毛色がグレーで、顔がピンク色の小型のサルだ。四、五頭の小さなグループの真ん中で、一頭のサルが子イヌを抱いていた。子イヌを腕に抱きかかえ、腕でぴったりハグしていた。ときどき、群れの他のサルたちが子イヌを上からのぞいては、平手で子イヌの胸をパタパタパタと軽くたたいた。人間がイヌにするのに似ていた。サルは子イヌを腕にかかえ、ときどき子イヌはそのピンク色の顔をなめた。

長男がはじめてわたしに微笑みかけたとき、わたしが感じた愛は、一定のタイプの認識によって決定的に形づくられた。息子の微笑みに自分の遺伝子――彼のしかめ面、ふくれっ面、無表情の下にどうにか隠されていた遺伝子――を認めたというのではない。むしろ、息子の微笑みの中に、助けを必要とする無力さだけでなく、芽生えたばかりでたどたどしく、あやふやな信頼を認めたのである。人生は彼を一発で打ちくだいてしまうことができる。でも、それはわたしにとっても同様だ。息子とわたしの差は程度の問題で、種類ではないのだ。実際、とどのつまり人生は、わたしたちを打ちくだく。有望ではあっても結局は人を惑わせるスタートの後、人生はわたしたちをかみ砕き、そして吐き出すのだ。わたしたちは悪い場所に放り出されてしまった。邪悪な原則の上に築かれた、見知らぬ土地に置き去りにされたのだ。そして息子の微笑みの中に、わたしはこの置き去りが代々こだましてくるのを見た。この愛はお互いの認識の上にもとづいている。とどのつまり、永遠の目から見れば、わたしは一頭の子イヌを見つけたサルでしかなく、この子イヌを愛し、できるかぎり長くしっかりと抱きしめていきたいのだ。それでも、信頼、芽生えたばかりの信頼は、あらゆるものの中でもっとも胸を張り裂けさせるものだ。息子よ、君は僕に信頼をよせてはいけない。僕は世界を知っている。僕はできるだけのことをするもりだ。それでも、結局のところ、いちばん大切な義務である守りにおいて、僕はいつも君の役には立たないだろう。僕は十分うまくやってのけることはできない。僕は君を助けられない。助けられる者はいないのだ。

息子たちよ、君たちのおしめを取り替えたことだし、君たちが眠る前にある話をさせてくれ。君たちが生まれる前、君たちが一度も行ったことがないところで、僕の考えは一人遊びをした。僕はこれを「自分はずっと古い何かの上に築かれている」ゲームと呼んだ。ゲームは中断されていたが、いまになってやっと終えることができた。

昔むかし、りっぱな衣装をまとったワームがいて、自分自身についての輝かしい話をした。衣装があまりにりっぱで、話があまりに輝かしいので、ワームは自分がワームだということを、ほとんど——ほとんどだ——忘れることに成功した。けれども、まったく忘れることはできなかった。証拠がいまでも出つづけるのだ。毎回、いっぱいになるおむつが、このことを告白するのだ。

僕たちはワームだ。君たちも僕も。そして結局は、僕たちはワームに食べられてしまうだろう。僕たちの不死身のラセンはデオキシリボ核酸（ＤＮＡ）ではない。僕たちは、熱力学の法則のイメージの中で創造され、僕たちの不死身のラセンはワームなのだ。でも、少しの間だけ、僕たちにはこれ以上の者になる機会がある。僕たちが愛するとき、僕たちはワーム以上になれる。愛するというのは、僕たちを創造した法則を拒否することなのだ。もちろん、僕たちはこの法則に従わなければならない。それでも、僕たちはこの法則の精神を拒否できる。法則は破ることはできないけれど、時々、ほんの時たま、曲げることはできるのだ。

愛するというのは、わたしたちを創造した歴史に反抗することである。愛は、あらゆる生き物が悪い血でできている――欠陥のあるデザイン原則の産物である――ということの承認である。愛は、わたしたちすべてには悪い結末が待ち構えているということの承認、わたしたちが一時的な逸脱現象であって、やがてはエントロピーの高まる潮によって消し去られるということの承認である。けれども、これは同時に、わたしたちすべてがこの中でいっしょにいるということの認識でもある。愛は、知覚力のある生き物すべてがわたしたちの思いやりや忍耐を必要とし、これらを受ける価値がある、ということの認識である。わたしたちがお互いに、そして何かに対して示す親切な行為のどれもが、わたしたちを創造した法則の精神への反抗である。わたしたちが邪悪なことよりも善なることを大切にするなら、それはわたしたちを創造した法則の精神への反抗なのである、究極的に分析すれば、生命とは、生命にとって不都合にできている宇宙における一時的な急上昇、つかのまの不調和である。熱的死［エントロピーが最大になる状態］は宇宙の最終的な状態、実は正常な状態である。生命は法則への反抗なのだ。そして、この反抗が無益だという事実も、生命の価値を少しも下げはしないのだ。

けれども、息子たち、重たいおむつをした僕の子イヌたち、苦しみを分かつ者たちよ。君たちはすばらしい。この特別なサルにとって、君たちは常に小さな神たちでありつづけるだろう。わたしの、排泄する神たちだ。そう、論理的にはもちろん神が排泄できないことは、サルだって知っている。神は生存しつづけるためのエネルギーを盗みはしないはずだ。だから、神には終わりがないのだ。終わりがあるものすべては、依存的な存在だ。自分自身の存在を維持するために、他の何かを必要とする。だから、その存在は絶対的ではない――神という名称に値するどのような神にもふさわしい存在ではないのだ。けれど、君たちの顔をのぞきこみ、命と希望、喜びと信頼だけを見るとき、僕は論理など気にしない。論理は「黙って受け入れろ」と説く。論理は「追従しろ」とささやく。しかし、わたしたちを救うのは、わたしたちの反抗だけだ。なぜなら、反抗はわたしたちの愛とは切り離せないからだ。もし、わたしたちを創造した神が本当にいるのなら、あらゆる愛は神への闘いである。

6 ラ・ディーグ 二〇一〇

わたしはディーグに沿って走っている。ディーグとは、フランスのラングドック地方にある、オルブ川のいくつものデルタ地帯を横切ってつづく堤防のことだ。冬の嵐で地中海から押し寄せる大波を防ぐために、築かれた。ディーグの南側にはメール〔海水のラグーン〕が横たわり、その向こうが海岸だ。すでに、若い家族たちがこちらへと南下しはじめている。生命と暖かさに満ち、夏の子どもの笑い声がこだまするこの地へと。

わたしがここにはじめて来たのは少年時代で、まだ、わりあい若かった父親といっしょだった。その後も、わたしがどこで生活しようとも、わたしの人生はいつもここに帰ってくるようにできているらしい。人生はわたしをここに連れもどし、わたしが断れないような言い訳を出してくる。いまやわたしも父親となったが、まだ、わりあい若いというか、自分にそう言い聞かせている。十年余り前、ここから石をいくつも運んで、一頭のオオカミを葬った。わたしの兄弟とも思うようになったオオカミだ。父親といっしょだった少年の頃の記憶、死んだ兄弟オオカミとの青年時代の記憶、人生によってふたたびこの地に連れもどされた、急速に老いつつある男の記憶。これらの記憶がたった一つの人生のものだということに驚き、まるであり得ないように思える。けれども、これがわたしの記憶でないのなら、だれのものだというのだ。

ディーグの陸地の側には、捨てられたブドウ畑がある。冬の地中海は、大波を防ごうとするわたしたちの努力にはお構いなく、一冬に二、三度は波がディーグを越える。かつてブドウが育っていたところは、いまは痛々しく荒れた土地である。かつてブドウを栽培していた人の家々は放置され、畑のあちこちに、ブドウの折れた蔓が見られる。枯れ朽ちて、その間から育ってきたスパルティナ［ヒガタアシ］やアッケシソウに埋もれつつある。

あれこれの形をした線という考え方は、しばしばわたしたちの時間についての考え方を決定的に形づくる。わたしたちは「時間の矢」という言葉を使ったり、時間を川にたとえたりする。過去から見知らぬ未来へと、堤防に沿って走る一人の男とそのイヌとしてすら、考えるかもしれない。空間的なメタファーをわたしたちが使うという事実は、わたしたちが時間のことを本当には理解していないことを示唆している。他方で物理学者は、時間はエントロピーの一つの表現だと言う。時間の方向は、エントロピーが増加する方向にしたがうのだと。物理学者がそれ以外の人々よりも時間をよく理解しているか、わたしには確信がない。しかし、たとえそうでも、物理学が示す説明と関連して、まったく異なるメタファーがある。エントロピーは無秩序だから、時間は秩序から無秩序への変換である。そこで、この理論で武装して、わたしたちは時間を一連の波、嵐の大波と考えることもできるのだ。打ち寄せ、引き、何度も打ち寄せては引く波だ。大波が引くたびに、あとに残されるものは少なくなる。わたしがここにはじめて来たときには、ブドウの蔓は若くて緑色で、ブドウの房の重みでたわんでいた。けれども、時間の波に洗われ、いまはこれだけしか残っていない。じきに、このブドウ畑のなごりもメールにもどってしまうだろう。

わたしたちを打ち砕くのは時間の矢ではなくて、時間の波なのだ。最後にはわたしたちはみな、メールに戻るのだ。

ヒューゴーとわたしはオルブ・デルタの周囲一五マイルを走る。わたしたちはみな、二、三ヶ月前にマイアミからこちらに来た。夏のマイアミ、あるいはあの地域を夏に通過するハリケーンや湿気の饗宴の中では、六マイル走るだけでも死にそうになり、一時間走ってもあまり成果はない。だが、ここではわたしたちは特訓をしている。ヒューゴーもわたしも最初は距離を延ばすのに苦労したが、二ヶ月後にはこの一五マイルを二時間半かそこらで走っている。もちろん、気候は涼しいとは言えない。ここは南フランスで、いまは六月なのだから。気温は、わたしたちがマイアミを発ったときの気温より数度しか低くはない。それでも、乾いた空気は気持ちがよい。ヒューゴーは生意気にも、さらに数マイル余計に走って、わたしたちが通り過ぎる畑地の縁に立ちならぶ、白い馬や黒い牛に会いに行く。ヒューゴーはとりたてて勇敢なイヌとはいえず、馬や牛におずおずと近づく。それを見て、わたしはニヤリとしてしまう。久しくない以前にここをいっしょに走った動物たちは、ヒューゴーとはいくらか違っていたことを思い出したのだ。

わたしたちは西の海岸沿いに走りはじめ、それから北に向きをかえてリヴィエレットという小さな海水ラグーンの縁に沿って走った。それから、ふたたび西をディーグ沿いに数マイル、ディーグの端まで進み、グランド・メール、つまり巨大な海水ラグーンにたどりつく。リヴィエレットは数百年前にこのラグーンから生まれた。土壌沈下の結果だと考えられている。わたしたちは次に北向きに、イグサが密生した土手を数マイル走る。土手の片方の側は水、もう片方の側は最初は畑地で、やがてブドウ畑にかわる。はるか前方に横たわる暑い景色の中で、中央高地の丘がゆらめいている。それから、わたしたちはミディ運河まで来る。ベジエ市が生んだもっとも有名な人物、ピエール＝ポール・リケによる驚嘆に値する土木工学の遺産である。ミディ運河は全長一五〇マイルで、ガロンヌ川から西に分岐し、わたしたちがいるところから東へ三〇マイルほどのトー湖にいたる。わたしたちはこの内の数マイルだけ運河に沿って西へと、ヴィレニューブ・レ・ベジエ方向に走る。日が昇ってきたが、土手沿いにならぶ大きなセイヨウカジカエデが日陰になってくれる。それから、セリニャン方向へと進むワイン畑の間を縫って、汚れた道をさらに走り、海岸方向に南下してから東に曲がって、家に戻る。

けれども、これらはみな付随事項でしかない。距離、方向、時間、景観すらもが付随的なもので、重要ではない。走りのハートビートは走りの本質、走るとは何なのかということである。ここ、ラングドックの初夏の早朝では、ハートビートは穏やかだ。わたしの足は砂を含んだ地面にそっと沈み、ヒューゴーの呼吸はパン、パン、パンと穏やかで、首輪のタグがチャッ、チャッ、チャッと静かに鳴る。頭上のセイヨウカジカエデの枝の間、そして周囲のブドウ畑で、山から吹きおろす風、トラモンタンがささやくようにサラサラと音をたてる。暖かいそよ風の中で、チョウがやさしく舞い踊る。走りが機能すると、わたしはそのハートビートの中に消え入るだろう。わたしたちは走りつづける。

これと同じコースの一部をたどりながらも、これとはまったく別の時、ほとんど別の人生の中で走ったことを思い出す。オオカミのブレニンがリンパ腫にかかっていると獣医は言った。そして診断は、専門家が言うところの「警戒を要する」ものだった。言い換えれば、ブレニンは死につつあったのだ。死は間もなく訪れつつあり、わたしの最大の義務、古き良き友のためにわたしができるもっとも重要なことは、その死をできるだけ安楽にしてやることだった。これは、ブレニンにとってできるだけ楽にしてやるという意味で、わたしにとっては辛いものになることを意味していた。ブレニンが夜の間に、痛みもなく、意識もなく、そっと立ち去ることができたら……。だが、そうはならないと思った。わたしが六歳の頃、当時飼っていたマックスⅡが死んで以来、わたしのイヌのどれ一匹として眠っている間に立ち去ることはなかったからだ。わたしは決断、最終的な判断を迫られた。ブレニンの命はこれ以上生きるに値しない、という判断だ。生きるに値する命は一秒たりとも縮めず、生きるに値しない命は一秒たりとも延ばさない。それが目標だった。ということは、ブレニンを獣医のところに連れていって、安楽死させてもらうよう頼まなければならなかった。わたしは人間だ。だから、誤りをおかす。わたしの決断には、常に疑いがつきまとうだろう。何年もたった現在ですら、わたしは自問する。あれで良かったのだろうか。わたしは正しいことをしたのだろうか。早すぎはしなかったか。あるいは、わたしの判断はのろすぎ、事はおそ過ぎたのではないか。わたしは心が弱すぎたのではないか。これらは決して答えることのできない疑問であり、これからも答えることはできないだろう。

あの時、わたしたちはニナとテスをドッグペンションに二、三日預かってもらいに行って、戻ってきたばかりのところだった。ニナとテスは当時まだ若くて落ち着きがなく、そばにいる者は疲れた。それで、ブレニンにはちょっとした休養がいる、若イヌたちの、周囲を疲れさせるほどの潑剌さから、ブレニンを解放してやることが必要だ、と判断したのだ。帰宅して、ブレニンの物腰が変わったのにすぐに気がついた。それまでの何週間よりも明るく、注意深く、物事に関心をもち、食欲を見せたのだ。わたしが自分のランチ用につくったスパゲッティを出してやると、ブレニンはすぐに平らげた。それから、まったく予想もしていなかったことをした。ソファに跳びのって、遠吠えをあげたのだ。

小さなオオカミだった頃、ブレニンはある隠し芸を毎日のように披露した。ソファーめがけて全速力で走り、ソファーに跳びのると、その勢いで壁を垂直にかけ昇るのだ。勢いがつづくかぎり高い所まで達すると——これはふつう、居間の標準的な高さの四分の三ぐらいの位置だった——後ろ脚をあちこちスイングさせて、イヌ科的な横とんぼ返りを演じてから、壁をかけ降りる。この方法でブレニンはわたしに、「僕たちはあまりに長く家でぐずついているよ。走りに出かける時がきた」と知らせたのだ。時間はブレニンから、この種のとっぴな運動競技を奪ってしまった。中年になったブレニンは、その代わりにソファーに跳びのって、遠吠えをあげるだけだった。それでも、わたしにはブレニンの言いたいことが正確にわかった。

庭の端には掘割があった。わたしたちがそこまで来ると、ブレニンは掘割を行ったり来たりし、これを越えて反対側の木々まで行っては、また戻ってきた。何年もの間、見たことのない——少なくともブレニンがするのは見たことのない——興奮のディスプレイだった。わたしたちが家を出たときには、これからゆったりと散歩をして、あちこち臭いを嗅いだり、なわばりをマーキングする機会をもとうと思っていた。けれども、ブレニンの振る舞いの何かから、おそらくはそのアーモンド形の目に見られた輝きから、何か不思議なことが起ころうとしていると確信した。それで、いまでもすっかりは信じられないようなことを、わたしたちはした。

それまで、一年のほとんどをわたしは走っていなかった。走ろうとするたびに、当時はもう一〇歳を越えていたブレニンの足が、すぐにのろくなり、後ろに残されてしまった。最初、わたしはこれをランニングに組み入れようとして、しばらく前向きに走っては、走りもどってブレニンのところに行き、それからまた前進してニナとテスに追いつくというのをくりかえした。ブレニンの顔には自棄の表情が見えたように思う。体が言うことを聞かず、自分のしたいことがもはやできないことの悟りとともに湧いてくる自棄だ。これがわたしの憶測であることは認める。けれども、この表情を見て、わたしはランニングを止めようと決心したのだ。ニナとテスはもちろん、一日中でも走ることができた。だが、わたしは、老いた兄弟オオカミといっしょにするわけにはいかなかった。それで、群といっしょのランニングは、ゆったりとした散歩へと変わっていたのである。

このような背景の中で、まったく予想もしなかったブレニンといっしょの最後のランニングが始まった。わたしはすぐにショーツをはき、置き去りにされていたランニングシューズを掘り出してきた。わたしたちは森を通り、細い小道を走って、ミディ運河までできた。最初の二、三マイルは大きなセイヨウカジカエデの木陰の中を走った。これが七月だったら、木々は恵みであっただろう。けれども、この日は七月ではなく、木々は恵みではなかった。この日は一月で、年が明けて二、三日後だった。トラモンタンは、この時はロゼレとオーヴェルニュの雪を味わいながら木々の間を吹き抜け、セイヨウカジカエデの並木は風のトンネルとなった。これは死のように冷たい走りだった。どの走りにも独自のハートビートがあるが、これは冷たいハートビートだった。巨大なセイヨウカジカエデの、葉のないむきだしの枝が、雪と山の風に合わせて踊っていた。わたしたちの足は音をたてなかった。わたしたちの息とブレニンの首輪がたてるチャッ、チャッ、チャッという音が風の中に消えた。まるでわたしたちがそこにいないかのように。

わたしはブレニンがすぐに疲れるだろうと思っていた。すぐに帰宅することになるだろうと予想していた。けれども、ブレニンは疲れなかった。まったく疲れを見せなかった。見たところは苦もなく、わたしの隣で地面の上を漂流していた。ほとんどかつてのブレニンのように、まるで、地上四、五センチを浮いているかのように、もうすぐ死のうとはしていないかのように。実際、だれかにわたしたち二人のどちらが死のうとしているのかと聞いたら、その人は「ブレニン」とは答えなかっただろう。フランスでの年月は、言ってみれば、わたしにやさしくなかった。わたしは書き物にはわずかな時しか費やさず、考えることに多くの時を費やしたが、大半の時はおびただしい量の新ワインを飲むことに費やした。とくにフォジェールとサン・シニアンのワインと仲良くなった。わたしはランニングを止めており、ワインはゆっくりとわたしに追いついてきた。その頃のわたしは、ぶよぶよでのろまで、樽のような四〇歳の胴体を見下ろし、自分の年齢を自覚するのが嫌になったことを知って以来はじめて、自分の年齢を自覚していた。

　わたしたちは数マイル離れたところにある村にたどりつき、やがて運河から離れ、村のブドウ畑の縁沿いに走る小さな汚れた道を下った。わたしはいささか心配になってきた。走るコースの、家からもっとも離れた地点に近づきつつあったからだ。癌はブレニンからかなりの量の体重を奪っていた。それでも、ブレニンの体重は五四キロほどあっただろうから、ブレニンをかかえて家までの三マイルを運ばなければならないかもしれないと思うと、気が重くなった。しかし、ブレニンは滑走をつづけた。体内で育ちつつある死も苦にしてはいないように見えた。一マイルほど行くと、道は右に曲がり、わたしたちはグラン・メールの東の端に来た。片側にはメールがあり、もう片側は畑で、畑にはこの地方特有の白い馬と黒い牛が散らばっていた。牛の多くはヒザまで水につかっていたが、かれらはそのようなことは大して気にならないようだった。

いまやわたしたちは木々を後にしており、あたりは太陽の光でいくらか暖かくなった。トラモンタンすらもが、海にゆっくりと沈みはじめた太陽のぬくもりをすっかり取り去ることはできず、メールの水の上で猛り狂ったように踊り、水に波をたてていた。ラグーンに沿って一マイルぐらい走ると、ディーグにたどりついた。ディーグ沿いを半マイルぐらい走ってからふたたび南に曲がり、やがて海岸についた。海岸では、沈みゆく一月の太陽の日差しの中にすわって、休息した。黄金色に輝く砂に波がやさしく押し寄せ、砂浜には木々の枝や、先週の嵐がもたらしたさまざまな砕屑が散在していた。海岸の南には山々が連なり、スペインへとつづく。山頂を雪でおおわれたカニグー山の向こうへと、太陽がゆっくりと沈んだ。

だれもいない家がわたしたちを待っている。けれども、少なくともしばらくの間、わたしたちはすわって、太陽をながめていた。

ブレニンが死んだとき、わたしは三九歳だった。あの年がわたしたちのどちらにとっても特別に良い年ではなかったことに、感慨を覚える。存在の世紀末だ（良い形ではなく悪い形の）。わたしたちのミエリン鞘《さや》が壊れはじめる年齢である。ミエリン鞘は、脳細胞を連結する軸索をコーティングする層だ。ミエリン鞘が崩壊すればするほど、ニューロン間の伝達が悪くなり、思考においても行動においても、わたしたちは鈍くなる。こうして、認知と運動の衰えへの長い道が始まるのだ。わたしたちが情報を処理できるスピード、そしてまた体を動かすスピードは、神経の「活動電位」（ＡＰ）と呼ばれるものの周波数とともに増加する。これは軸索にそってすすむ放電である。迅速に情報を処理し、迅速に身体を動かすには、高周波の活動電位が起こる必要がある。そして、高周波の活動電位を得るためには、軸索をコーティングしているミエリン鞘が無傷でなければならない。したがって、ミエリン鞘の崩壊とともに、かつてできたほど迅速には考えることができなくなるし、迅速に動くこともできなくなる。ミエリン鞘は三九歳で衰えはじめる。

わたしも筋肉の二〇パーセントも失ったはずだ。これもまた、あの日ブレニンといっしょに海岸にすわって以来、わたしに起こったはずことの一つである。少なくともこれは、四〇歳から四九歳の間に起こる標準的な筋肉損失量である。ヒューゴーとオルブ・デルタを走った日には、わたしはまだ四八歳にはなっていなかったが、それでも筋肉は損失しているはずだ。それに、人によって老いるスピードが異なるのは自明のこととはいえ、どこかの部分がいったん衰えはじめると、その衰えは——なんらかの重要な干渉なしでは——直線的に進むのがふつうである。つまり、何らかの衰えを描くグラフは、直線を描くだろう。直線の勾配は人ごとに異なるだろうし、一人の人をとっても、能力ごとに異なるだろう。しかし、それぞれの能力ごとの降下は、わずかな小さな逸脱を除けば、常に直線的である。これがわたしたちの人生の線なのだ。

哺乳類であるということに、多くの利点があるのはたしかだが、ある顕著な欠点もある。たとえば、爬虫類の多くは衰えない。哺乳類が衰えるような形では衰えない。すべての哺乳類では、年齢とともに死亡率が徐々に高まる。哺乳類は歳をとるにしたがって、捕食される確率が高まるとともに、動きがにぶくなりすぎて食物を捕えられなくなる。爬虫類の死亡率は年齢とともに徐々に高まるのではなく、非常に歳をとるまではかなり安定している。哺乳類は歳をとると、卵母細胞発生の能力をうしなう、つまり雌の繁殖細胞である卵母細胞をつくれなくなる。爬虫類ではこのような能力の損失はない。爬虫類はほとんど死ぬまで、子ども（正確にいえば子どもとなるべきものを含む卵）を産みつづけられる。爬虫類の中には、失われた肢体を再生できる動物もいる。哺乳類にはこれができる動物はいない。ふつう、哺乳類は二つのセットの歯をもち、これらがいったん壊れてしまったら、運の尽きである。爬虫類では歯は一生、何回でも生えかわる。だから、哺乳類の衰え方は、爬虫類とは異なる。とはいえ、哺乳類は、爬虫類から進化した。いったいどのような進化プロセスが、時の経過への反応の中でこのような違いをもたらしたのだろう。

危険な環境――たとえば捕食者が多い環境――で進化した動物は、繁殖率を高めようとする。これが危険に対応するもっとも適切な戦略だからだ。この種の動物はいわゆるr選択された動物で、迅速に成長し、体が小さく、寿命が短い。一方、危険の少ない環境に生息する動物は、同種のメンバーとの資源をめぐる深刻な競争に直面する。このような動物はK選択される。K選択は親による子育て、ゆっくりとした成長期間、大きな体、長い寿命をうながす方向にはたらく。少なくとも近年では、ヒト、ゾウ、クジラはK選択された動物、マウス［小型で尾が長めの地上・樹上性のネズミ類の総称］、ハタネズミ類やヤチネズミ類、ラット［大型のネズミ類の総称］はr選択された動物といえる。

けれども、「近年では」という表現は含みの多い言葉だ。ここでの「近年」というのは高々、現在までの六五〇〇万年間のことである。哺乳類が出現してから今日までの歴史のほぼ三分の二では、恐竜がまだ生きており、その頃は、あらゆる哺乳類がr選択されていた。哺乳類は小型の夜行性動物で、ラット以上には大きくならず、食物連鎖の一番下にかじりついていたのだ。だから、よく知られた説にしたがえば、わたしの衰え方は、哺乳類の初期の時代におけるr選択のせい、つまり、その後に起こったK選択が完全には消し去ったり、書き直したりすることができなかったもののためなのだ。

これではっきりする。すべては恐竜のせいなのだ。こう考えると、この成り行きはいささか不運である。初期の哺乳類のｒ選択がなかったら、わたしの人生はもっと爬虫類的な輪郭をもっていたかもしれない。最後に倒れるまで突き進み、芽吹きつづけ、しっかり立っていたかもしれないのだから。この観点から見ると、わたしの哺乳類人生のプロフィールは少しだけ不運である――他の可能性があったとしての話だが。わたしの最古の祖先があれほど臆病でなかったら、すべてはまったく違っていたのかもしれない。頭の良い爬虫類がわたしたちとともに進化してきたなら、恐竜の子孫をわたしは少なからず妬んだであろう。偉大な進化のくじ引きで、わたしは恐竜たちよりもかなりひどい貧乏くじを引いた、と結論したに違いない。そして、思いやりのある恐竜子孫は「運が悪かったな、兄弟！」と答えただろう。自分がカゲロウの子孫だったらどうだろう（ここでの「だったら」が非常にあいまいな意味であるのは言うまでもない）。二時間だけ生きて、それで終わり。それでも、自分がだれかよりは幸運だからといって、すべてのことを考慮に入れれば、自分が不運でないというわけではないのだ。

哲学者たちはこれまで、衰えや死について、言うべきことをほとんど語らないできた。これらのテーマがわたしたちの生活の中心にある点を考えると、これは驚くべきことである。おまけに、哲学者たちが言ったことは、しばしば信憑性に欠ける。たとえば、死については多くの著名な哲学者が驚くほど楽天的である。エピクロスは、死はわたしたちを傷つけないと言った。死は、わたしたちが生きている間には起こらないから、わたしたちを傷つけることはできず、死が起こったときにはわたしたちはもういないので、わたしたちは傷つかないというのだ。これよりはるかに最近になって、バーナード・ウィリアムズは、永遠の不死が過大評価されていると主張した。不死は人間の絶対的な欲望

――生きる理由をわたしたちに与える欲望――の喪失につながり、その結果、永遠の倦怠が起こるからだという。

哲学者たちは、死についてはいささか信憑性のないことを言って満足してきた一方で、ショーペンハウアーは別として、衰えの問題についてはほとんど何も言わないできた。たとえば、プラトンの『国家』第一巻でしばらく主役を演ずる、ケパロスという皮肉な名前をもつ老人は、老いて衰弱するともはや「若さの欲望」にさいなまれないですむので、老いることは良いことだと主張する。だが、この問題への取り組みにおける哲学者の失敗は、人生で何が重要なのかということについてのかれらの熟考において、もっとも明瞭に露呈されている。これらは奇妙に的外れで、まるで衰えが人生の避けられない側面ではないかのように見える。快楽主義者はわたしたちに、幸せであれ、と説く。人生はすべて幸福のためにある、というのだ。しかし、わたしの状態がますます悪くなり、やがては死ぬのは、この人生においてなのだ。人生が本当は幸福のためばかりではない、という可能性に対して、わたしは少なくともオープンであるべきではないだろうか。人生が幸福だけをめぐるものなら、わたしの歴史、生物学、自然界の法則によってわたしに伝えられたこの命は、驚くほどまずくできているように見える。できるかぎりのところで自分の幸福を享受する。これは重要なのかもしれない。けれども、それ以外の部分、人生の大きな部分をなす、幸福を見つけられない領域についてはどうなのだろう。自分の人生をなす、おそらく支配的なこれらの部分を、わたしはどう生きるのだろう。

さらには、「できるかぎり最高であれ」という啓蒙主義のモットーもあり、わたしが数日後に戻る国では熱心に唱えられている。人生は自己実現であるから、どのような自分でありたいかというヴィジョンに従って自己を形成し、自分にとって可能なこのヴィジョンの最高の化身となれ、というわけである。しかしこの教えはたいていの場合、この人生が、自分がかつての自分よりも調子が悪くなる過程なのだ、という点を見過ごしている。ショーペンハウアーが述べたように、「今日は悪い、そして日一日とさらに悪くなり、最後にはすべての中で最悪なことがやってくる」。わたしは、ますます悪くなることができる、という点で最高になれるようだ。けれども、これはオリジナルバージョンほど示唆的ではない。

ニーチェはわたしたちに、強くあれと言う。わたしを殺さないものは、わたしを強くしてくれるというのだ。そうなのかもしれないが、不運なことに、何かが遅かれ早かれ、わたしを殺すであろう。ニーチェはこう付け加える。「幸福とは、自分の力が増しつつあると感じることである」。これはたいへんに不運なことである。なぜなら、この人生のほとんどでは、わたしは自分の力が減るのを感じるはずだからだ。この人生をいかに生きるべきかという疑問は、この明白な事実を出発点とみなすべきであって、陽気に無視すべきではないと考えた方がよいのだ。

わたしが職業的な哲学者としての人生を歩みはじめて間もない頃のことだった。出席した会議で、あるたいへん卓越して高名な哲学者が基調講演をした。講演後の質疑応答セッションでは、彼の明らかに欠陥だらけの論拠にあからさまな反論が出された。聴衆はまだいた。この哲学者は適切な回答をすることができず、重要性に乏しい、とりとめのない所見をいくつか述べた。質問をしたのは、わたしの同僚の一人で、寛大な心の持ち主だった。彼はそれ以上の質問を思いとどまり、走り書きした紙切れをわたしに寄越した。それには「彼はもうお終いだ」と書かれていた。実際、この哲学者が限界にきているのは明らかに見てとれた。それでも、残りの聴衆は、致命的に弱くなった仲間がいるのを感知したカラスの群のごとく、彼に襲いかかった。わたしはこの出来事に衝撃を受けた。

いまやわたしは、どのような人生がわたしを待ち構えているか、知っている。ある日――それがいつなのかはわからないが、その日が来るということはわかっている――もうこれ以上はできなくなるのだ。自分の不能さがこのように公にさらされるか、あるいは個人的な領域内でこっそり漏れ出るのかは、あまり重要ではない。どちらも、少なくともわたしにとっては、ひどく悲しい。「少なくとも、君はあの支配的な若さの欲望からは逃れるよ」とケパロスがわたしにブツブツささやくのを想像する。そう、それですべてがうまくいくのだな。哲学者のだれかが人生について、人生で何が重要なのかを話すたびに、この老いた高名な哲学者、すばらしい仕事をし、そしてこれ以上はできなくなったこの哲学者のことを思わずにはいられない。わたしの目に浮かぶのは、いくつかの、重要性の疑わしい、とりとめのない所見だけなのである。

ふくらはぎが、わたしから見れば不必要にも、わたしが哺乳類の血統をもつことを強く再確認したのは、ヒューゴーとともに村への帰途、ディーグに沿って走りながら、こうしたことを反すうしていた瞬間だった。ふくらはぎの肉離れは、一九九七年頃からときどき起こっていた。キンセールを走って、チャールズ・フォート近くの坂をおもしろ半分に駆け下りていた頃以後である。左のふくらはぎは、こうした駆け下りの一つではじめて肉離れし、それ以後は定期的に起こった。二、三年後には右のふくらはぎも加わった。その頃までには、下り坂での疾走はランニングから除外していたのだが、これも効かなかった。それでも、今日にいたるまでの三年間はまったく問題がなく、この特別な問題はもう終わったと思っていた。わたしはディーグの上をしばらく動き回って、なんとか奇跡的にこの問題をストレッチで解決できるか試してみるが、どうやってもうまくいきそうもない。

この損傷のリハビリ期間はますます長くなってきた。「リハビリ」と言うが、ちゃんとリハビリしたわけではない。家のまわりをぶらぶらし、自己憐憫にひたり、何もかもが不公平だと、ぶつぶつひとり言を言うのもリハビリに数えられるなら別であるが。肉離れが最初に起こったとき、わたしは二週間後にはふたたび走っていた。最後に起きたときには、ふたたび走ったのは六週間後だった。今回は適切にリハビリすべきだ。痛んだ組織だか何かを、だれかに掘り出してもらうべきなのだ。一方では、自分が事の全体について「哲学的」であってもよいのではないかと思う。わたしの年齢では――危険な心臓発作を起こす道はいたるところにある――走ることが予期せずにとつぜん終わる可能性はいくつもある。すべての可能性の中で、重度二の裂傷は最悪のケースなどではないのだ。

肉離れの治療にはＲＩＣＥ処置、つまり安静(Rest)、冷却(Ice)、圧迫(Compression)、挙上(Elevation)が必要だ。このすべてをわたしはしていないが、本当はすべきである。この朝、足を引きずりながらランニングから戻ると、すぐになすべき家庭サービスが待ち受けていた。しばらくの間は、ランニングはしないだろうと思う。だが、片足を引きずってのろのろ、よろよろと歩く散歩は、いずれにしろ、しなければならないだろう。

息子たちは走る必要がある。「パパ、早くー、僕たち、海岸に行きたいの」。こうしてわたしは、海までつづく六〇〇メートルほどの小道を、重い足を引きずりながら歩くことになった。身振りがいささか大げさだったかもしれないのは、自分でも認める。わたしの二、三メートル先を長男のブレニンが行く。彼は三歳になったばかりで、はじめての自転車に誇らしげに乗って、たけり狂ったようにペダルを踏むが、ありがたいことに速くはならない。先頭をエマがレンタサイクルに乗って走り、その後ろ座席には、この年のはじめに一歳になった次男のマクセンがすわっている。海にはフラミンゴ、正確にはオオフラミンゴが年のはじめに到着していた。世界のこの部分にわたしがはじめて来たのは、息子たちのいまの年齢よりもたいして歳がいっていなかった頃で、このばかばかしいほど異国風に見える鳥を目の前にして、口をぽかんと開けたものだ。だが、ブレニンとマクセンはマイアミっ子だ。「パパ、このフラミンゴたち、あんまり派手じゃないよ」とブレニンが教えてくれる。彼の言うことは正しい。マイアミで彼が見ている、輝くようなオレンジ色のフラミンゴ、ベニイロフラミンゴにくらべれば、オオフラミンゴは明らかに色が冴えない。

　凍るような海風はありがたい救いだ。おかげで他のことができる。ブレニンの唇は数分の内に青くなるだろう。それでも彼は、自分から進んでそこを離れようとはしない。わたしたちは大切なゲームをしなければならない。彼を波の上に持ち上げながら、同時に「アップ・アンド・オーバー」という呪文を唱えるのだ。「パパ、呪文を言わなかったよ。言わなきゃだめだよ！」それから砂の城づくりをする。城は堀に囲まれている。ピエール＝ポール・リケに恥をかかせないような堀だ。堀は水で満たされる。地中海から水を運んでくるのは、わたしだ。のろのろ、よろよろと足を引きずりながら。城や堀の唯一の目的は、できあがった後にいつか壊されることにある。壊す時点を決めるのは、息子たちだ。離れたところから、城めがけてぶかっこうに腹打ち飛び込みをして、砂を強くたたき、何度もハイエナのように叫ぶ。ヒューゴーが二人のそばで駆け回り、怒り《ラ・ラージュ》のとりこになったイヌのように吠え、泡を吹いて応援、煽動する。かつてはわたしもこのゲームをしたのだろう。だが、歳をとって、もはやこれが理解できなくなっていた。けれども、わたしはいま、ふたたび理解しはじめているのかもしれない。

　人間の子ども、そしてイヌの子どもも、人生で何が大切なのか、おとなよりもわかっているのだと思う。わたしが砂の城をつくるとき、これはわたしにとっては仕事だ。息子たちが楽しむためにつくってやるからだ。息子たちがこれらの城を壊すとき、それは遊びである。かれらには壊すため以外の理由は何もなく、そうするのだ。砂の城が千回もの腹打ち飛び込みで壊されるのを見ると、仕事にまさる遊びの価値を、これ以上強く確認するものは考えられない。そこには遊びに伴う喜びがある。成果ではなく活動そのものに、目標ではなく行為にすっかり我を忘れる喜びだ。わたしには、もはやこのゲームが理解できないかもしれないが、この喜びを見ることはできる。喜びを感じることができる。喜びがアフリカに向かって水の中をこだましていくのを、聞くことができる。わたしたちはまだ、それほど離れてはいない。わたしには見える。わたしたちは、かつてわたしが死につつあるオオカミといっしょにすわって、冷たい冬の太陽が彼の命の上にゆっくり沈むのを見ていたところから、数メートルぐらいしか離れていないのだ。

この喜びは水を越えてこだましていくが、わたしの人生の日々を通して戻ってもくる。これより何年か前、オオカミのブレニンが死んで二ヶ月があっという間にたち、ニナ、テス、わたしが、ふたたびいっしょに走りはじめていた頃のことだ。ある明るい春の日、わたしたちは中央高地の南部のセヴェンヌ山脈に入っていった。「コル」は峠を意味するフランス語で、この日、わたしたちはコル・デュ・ミニールつまり「鉱夫の峠」を通る、三〇キロメートルのランニングをしようとしていた。わたしはわずかな食料と水、それに地図を入れた小さなリュックサックを背負っていた。急いで走るつもりはなかった。かつて長距離を走ってから、久しい時がたっていた。もし、一日かかるなら、それもよいだろう。

山の湖の冷たいブルーの水面で、陽光がきらきらと踊っていた。地図によれば、わたしたちはまだ六キロ走ったばかりだったが、すでにわたしはそれを感じはじめていた。海抜ゼロの場所で生活してきた人は、海抜千メートルあたりで遂行能力が衰えはじめる。わたしたちはほとんど海抜一二〇〇メートルまで来ていたから、海抜がいくらか影響したのかもしれない。けれども、主要な問題はわたし自身だったと思う。わたしはとても、とても体調をくずしており、ディークでたくわえたわずかな一〇キロの走りもまだ本格的には効き目をあらわさなかった。毎回、レイオフ後にランニングに復帰するたびに、痛みは以前よりもひどくなっていた。わたしたちは走りつづけ、うなっていたアキレス腱が一時的に休眠状態に入っている間――あとでふたたび目を覚ますに違いない――苦闘していた。ニナとテスも難儀に感じたようだ。かれらもまた歳をとりつつあった。走らなかった一年の空白のために、わたしたちはだれもが代償を払わなければならなかったのだ。わたしにはことさら多くのことは起こらなかった。その日は躍動する思考も浮かばなかった。浮かんだのは、一撃のスログ［クリケットの強打］だけだ。

この走りが想い出に残っているのは、ある一つの理由からだけだ。一〇キロぐらい走ったところで、わたしたちはすわって一休みし、一口食べた。以前は開《ひら》けていた山頂には林が進出して、二、三キロメートル背後につづいており、わたしたちは道のわきの小さな空き地にすわった。ニナとテスは衰弱し、消耗していた。二、三分間、ちょっと食べ、ちょっと水を飲んでから、テスは立ち上がると、一、二メートル離れ、それからニナに向かって突進し、遊びを誘う身振りを演じた。ニナはそれまでの数日を休息で過ごしていたかのように跳び起き、二頭は道をあちこち突進し、遊びでうなり、遊びでお互いの肩や首にかみついた。わたしには、喜びが見えたように思う。ニナが顎をおおげさに開け、テスがおおげさに跳ね上がって歩く様には、喜びが見えた。喜びは単に心の内側の感情ではない。見方を知っていれば、喜びは外から見ることができるのだ。

山々は寒かった。雪が斜面から消えてまだ久しくなく、真昼でも雲がわたしたちの下方の谷底に頑固にへばりついていた。太陽は、わたしたちがすわっている森の空き地を暖めてはくれなかったが、二頭の友の喜びは暖めてくれた。もちろん、この種の遊びは以前にも何度も見られた。このような遊びは日常的に行なわれていた。そして、かれらがこうして遊ぶときには、かれらが幸せであることをわたしは知っていた――お互いの心の内で何が起こっているかについて、そもそも知ることができればの話であるが。けれども、今日は違う。わたしはかれらの喜びを憶測しているのではない。わたしには見えるのだ。フィールドには草原もあれば、エネルギーでできたフィールドもある。わたしたちは草原を抜けて歩き、エネルギーのフィールドに浸る。ニナとテスは幸運にも多くの草原、そしてアイルランドの大麦畑やフランスのラベンダー畑を走ることができた。かれらが走ると、かれらの喜びが放散し、開けた空間、わたしたちの間にある空き地に響きわたった。フランスの峠の林の中にある空き地にかれらとともに立って、わたしは喜びのフィールドに浸り、それに抱かれていた。この喜びが、これまでの年月すべてを通して、わたしの走りを満たしてきたのだ。わたしがこの喜びの見方を知っていたわけではないのに。この群といっしょに走るとき、喜びが外からわたしを暖めてくれるのだ。

今日、この海岸でもそうである。喜びは生きることにおける内在的な価値の認識、何がそれ自体のために重要であるかということの認識である。わたしには夏の息子たちの喜びが見える。喜びが青い海に響くのが聞こえる。しかも、かれらの喜びだけではなく、自分の喜びも聞こえる。以前は感情がわたしの内部でちぢこまっていたが、喜びがわたしの外へと場所を移したのだ。喜びがこのようになることが、これまでの人生にも何回かあった。ただし、数はあまりに少なく、持続時間はあまりにつかの間である。感じ方の一つだった喜びがいまや、見方の一つになる。ほんの数秒、それで終わりだ。心の内部から外へのこの転換は、ほんの数秒しかつづかず、それから過ぎ去る。けれども、これらの数秒はわたしの人生でもっとも大切な数秒だと、思うようになりつつある。喜びにおけるこの転換は、愛がそれ自身を示すことなのだ。愛は一生つづくかもしれないが、愛がほとんど完璧に姿を現わすのは、ほんのわずかな瞬間だけなのである。

衰えを理解しない人は多い。かれらは衰えの解剖学と生理学になじみがないのだ。怪我は時間の波の役割をはたす。怪我があなたに打ち寄せると、あなたは二度と、以前と同じぐらい強くなるまで回復することはない。最初はこれに気づかないかもしれない。調子がいいと感じるかもしれない。けれども、筋肉や関節の中に弱点が住みつく。どれほどのリハビリもこれを変えはしないだろう。そして、遅かれ早かれ、衰えがまたやって来る。最初はささいな苦痛を感じ、それからまた別のところが痛み、痛みは増えていく。一〇〇パーセント快調とは言えない日があるが、それでもとにかくランニングに出かける。これは良いことだ。これはしなければならない。というのも、こうした日はますます頻繁になるだろうから。それに気がつく前にも、一〇〇パーセント快調だということは決してない。それでも、あなたは走りつづける。そうしなければならないからだ。まずは九五パーセントの状態で走り、次には九〇パーセントで、それから七五パーセントに下がったハートビートで走る。走る距離は短くなり、タイムは長くなる。しかも、どのようにしてこうなったのかはわからない。しばらくの間、怪我がない状態さえつづければ、このささいな苦痛はクリアできる、もし、これに成功すれば、かつて自分がしてきたことに復帰できる、この一連の悪運が始まる前に自分が達成していた距離とタイムをとり戻せる、とあなたは考える。ところが、重要な点をすっかり見逃している。

衰えは、まさにこの種の悪運の連続である。以前のような成果をおさめることは決してないだろう。ささいな苦痛、鈍痛、弱点が積み重なり、ついには、あなたはささいな苦痛、鈍痛、弱点がからみ合ったただの組織になる。どれほどの休養も、これを変えられないだろう。休養後にカムバックして、しばらくは調子が良くても、それは短期間だけである。そして、このことがわかる前に、休養に入る前とまさしく同じ状態に戻ってしまっているだろう。これこそが衰え、抹殺、漸進的な消失の顔であり姿なのだ。ランニングにはいくつもの顔がある。その一つはディーグ、冬に押し寄せる嵐の波をせき止めようとする一つの道だ。これはしばらくの間は波を押しとどめるかもしれない。それでも、最終的にはわたしたちはみな、メールに戻るのだ。

一般に、生きるということは発展のプロセスだと見なされる。年齢を重ねるにつれて、わたしたちは何が人生で大切なのか、わかるようになる。わたしたちが年齢とともに賢明になり、この知恵を役立てる上でわたしたちが十分に根気強く、熟練していれば、わたしたちの人生の意味すらもが姿を現わしてくれるかもしれない。他方、若さは未熟の時代である。成人してからの生活に向けて備えをすることだけに重要性があるような、いわば生存の前篇である。そうなると、モーリッツ・シュリックがかつて指摘したように、「準備の時代が生存のもっとも甘い部分のように見える一方で、達成の時代はもっとも辛い時代のように見える」というのは、まさに逆説的である。

この矛盾は、わたしたちが若さを誤解していることを示しているのかもしれない。人生で大切なことは、わたしたちが目ざす到達点ではなくて、一つの人生のいたるところに散在するものであり、もっとも基本的には、喜びが外からわたしたちを暖めてくれるこれらの瞬間——活動の成果ではなく活動そのものに専念している瞬間、目的ではなく行為に専念する瞬間——に存在する、ということを示しているのだ。喜びは、それ自体のためにする価値があるものの認識、人生において顕示される内在的な価値の認識である。このような喜びの瞬間が、若い時代にひときわ集中するのは事実だ。子どもやかれらのイヌは、何が人生でもっとも大切なのかを知るのが、おとなよりもはるかに上手である。子どもやイヌは、何が人生でもっとも大切なことは、それ自体のためにする価値のあるものなのだということを、子どもやイヌはわかっている。そして、それ自体のためにする価値がないものは、そもそもする価値がない。子どもやイヌは、内在的な価値を本能的に、自然に知っている。わたしにとっては、これはむずかしい作業だった。かつて自分が知っていたはずのことを再発見するために、人生の半分を費やした。いまでさえ、このことを感じることはおろか、理解することもむずかしい時がある。そうしたときには、神の恩寵からのわたしの堕落、エデンの園からのわたしの追放がわかる。

それでも、わたしの追放が一時的に無効になる時間もある。シュリックはかつて、「人生の意味は若さだ」と書いた。しかし、若さというのはここでは、年代つまり人の生物学的な年齢の問題ではない。ある人の顔にしわがあるからといって、その人がかならずしも若さの楽園から追放されるわけではない。若さは、活動が遊びになるときにはいつでも存在する。若さは、何か別のことのためではなく、それ自体のために何かをするときにはいつでも存在する。若さは、目標ではなく行為への専念があるときにはいつでも存在する。この専念とともに喜びは訪れる。喜びは、人生における内在的な価値の認識でしかないからだ。これこそが、わたしたちすべてがメールへと戻る人生だ。そして、この人生に報いるのは、わたしたちがそこに見いだす内在的な価値である。ただし、わたしたちがその見つけ方を知っていればであるが。

7 自由の境界地　二〇一一

　レースは八分前に始まり、わたしはちょうどスタートラインを越えるところだ。二万人の参加者――スタート・コーラルGの人々の間で噂されていた数字――の内、約一万人の後ろにおり、わたしの後ろにもまだたくさんの人々がいる。この状態がつづくことを願っている。かならず君よりも遅い人がいるものだよ、と人は言うが、その人たちは、今日は来ていないかもしれない。すり足歩きがのろのろのジョギングに変わり、スタートラインを越えたら、わたしはビスケイン・ブールヴァード脇の、草地の一画へとすばやく進まなければならない。これはふくらはぎの問題ではない。ふくらはぎは、いまのところはうまくやっている。目下の問題は膀胱だ。脱水はこむらがえりのリスクを高め、こむらがえりは肉離れのリスクを高める。それでわたしは念のために、四時に電車に乗ったときから六時一五分のスタートまでの間に、ゲータレード［清涼飲料水の商品名］を何本も飲んだ。これまでのところ、すべてが正確に計画どおりに進んでおり、それで今日の見込みについてはかなり楽観的な気分になりはじめていた。レース前、スタート間近だと思われたときに、最後に仮設トイレに行ったのだが、人の列があまりに長く、あまりにゆっくりと進んだため、ベイフロント・パークで、メトロ・デイド郡警察官の目の前で膀胱を楽にしなければならなかったのだ。別の状況でこれをしたら、警官たちはわたしを少なくともテーザー銃で撃っていただろう。スタートライン近くのこの小さな草地にいるのは、わたしだけではない。たぶん、一〇〇人ぐらいの男女がいる。わたしたちはみな、スタート・コーラルで三〇分以上もブラブラしていたので、多くの人がわたしと同じ問題をもっているようだった。

こうして急用を足してからレースに戻り、高速道路のマッカーサー・コーズウェイに進入する、ゆるやかな上り坂を走りはじめる。この時点までにわたしは、計画していたフルマラソンのペース、目まいがするほどの時速五マイル半［一マイルは約一・六キロ］に多少とも到達していたが、これまでのところ、ふくらはぎの筋肉は離れていない。まずは最初の油断のならない小さな区間についてはは大丈夫だった。マッカーサー・コーズウェイの最初の区間は、コース全体の中でもっとも勾配が大きい。この部分を歩いて上ることにした人もいる。これは完全に理にかなっている。走れば時間は節約できるが、そのために消費する余計なエネルギーは節約された時間を相殺して余りあるからだ。エネルギーはたぶん、二〇マイル以後から決定的になる。わたし自身は走り上るのはまったく構わない。わたしの問題はこれとは別のところにある。坂を越えた反対側の下り坂を走り降りたくはないのだ。下り坂では、ふくらはぎはより多くの体重を持ちこたえなければならない。これはもちろん、ふくらはぎの問題の、長い歴史の始まりがそうだったからだ。マッカーサー・コーズウェイのゆるやかな勾配を、キンセールの丘とくらべることはできない。それでも、ごく最近、道が運河を渡るところにある、小さなほとんど気づかないほどの勾配を下るときにふくらはぎが痛くなったことがある。だから、危険を冒すことはしない。下り坂が来るのはわかっていたから——金曜日に登録者に渡されるパッケージを取りに行ってからずっと、マラソンコースのヴィデオを憑かれたように調べていた——かならず歩いて下ろうと予定していた。そしていま、実際にそうしている。坂の下に着いたとき、ふくらはぎはまだ問題ない。勝ったような気持ちになる。少なくともふくらはぎに関しては、すべてがうまく行くと信じはじめる。わたしの一般的な体調と二六・二マイル［四二・一九五キロ］を走る能力。これはまったく別の問題である。

この点では、わたしは二つの面で不利であることがわかる。第一に、トレーニングがひどく切り詰められたこと。マラソン初心者に勧められるトレーニングのほぼ半分をこなしただけで、最後の二ヶ月間は何もすることができなかったのだ。第二に、わたしはすぐれたランナーではない。頼るべき、生まれつきの素質がないのだ。だから、わたしにできるのは、賢明であること、つまり少なくともレースの前半は超控え目に走るということだ。それで、二時間三〇分の印をつけているペースランナー［ペースメーカーとも呼ばれる］の後ろについた。これはレースの前には予定していなかった。ペースランナーが親切にも、レースの間じゅう自分が走るタイムを示すということはおろか、ペースランナーなどというものがあることすら知らなかった。なんとすばらしいアイディアだろう。わたしは「二・三〇」の後ろについて、できるだけ心地よく走る。最初の一三・一マイルはこの位置にとどまるというのが、現在のプランだ。マッカーサー道路の反対側では、しばらくこのグループから離れる。そこでは、サウス・ビーチにいたるもう一つの下り坂があり、ここでもわたしは歩くからだ。けれども、その後はややスピードをあげてグループに追いつき、その後は謙虚な姿勢をたもって、エイドステーションを通るたびに水やゲータレードを数杯ほど飲み——三マイルのマーク以後はほぼ一マイルごとにエイドステーションがあった――心身をリラックスさせて楽しむ。サウス・ビーチに入ると、昇ってきた太陽の光が黄金の未来を約束するように水平線にふりそそぐ。わたしはほっとした気持ちになり、興奮し、そして幸福である。

マイアミに住んで四年になるが、バーやレストランやナイトクラブが並ぶサウス・ビーチに、あえて行くことはほとんどなかった。二人の小さな息子をもち、子どもの就寝時刻は午後六時という方針をとる断固とした権威的な親であれば、当然のことである。寒いとはいえ――マイアミの標準では一八度ぐらいを寒いという――明るいこの朝、七時にオーシャン・ドライブに近づいたときには、ここに来るのはたぶん三回目だということに気づいた。オーシャン・ドライブの街頭には微笑む顔がたくさん並び、わたしも含めて（！）だれにでも声高に声をかけ、叫んでいる。応援しているつもりらしい。アメリカ人は応援されるのが好きで、応援はできるかぎりにぎやかであるのが良いとされるが、わたしはあまり好きにはなれない。わたしの感じ方がイギリス的であるのはたしかだ。わたしはどう反応すれば良いのだろうか。これらの人々を無視することもできるが、それだと無礼で恩知らずに見えそうだ。金切り声を上げている一人一人に感謝の微笑みを送ることはできるかもしれない。手を振ってもいいし、ハイタッチすらできるかもしれないが、これだと気が散るし、わずらわしい。わたしには克服すべきことがすでに十分にあるのだ。いくらかスピードを上げて、レースのこの部分をできるだけ迅速に通り抜けたい、喧噪から逃れるためにリズムを上げたい、という誘惑にかられる。けれども、そんなことをしたら後で大変なことになるのはわかっている。それで、結局は最初のオプションをとることにする。周囲を無視して無礼で恩知らずにパッパッ、ドシンドシンと前進するのだ。

客のいないレストランやホテルが並ぶオーシャン・ドライブを北上し、名前を知らないいくつかの通りの東側を走る。リンカーン・ロードを渡ってさらに北上すると、これまで見たことのない通りがもっとある。それから、ヴェネツィアン・コーズウェイに突き当たる。海岸を離れてダウンタウンへと向かう、いくつもの小さな島々をつなぐ一連の橋がつながったような道路だ。左手の向こうにはビスケイン・ブールヴァードにならぶホテルの高層ビルが見える。ハーフマラソンとフルマラソンのフィニッシュラインは、ビスケイン・ブールヴァードにある。これまでに八マイルを走り、ハーフマラソンの終点まではさらに五マイルある。ペースランナーたちは正確だ。お二人に神のご加護がありますように。ほぼ二時間二〇分たったとき、わたしは一二・八マイルの位置にいた。いまや決断の時がきた。ハーフマラソンで止めることもできる。わたしはフルマラソンに登録しており、昨年九月のいつわりの痛風事件いらい、フルマラソンをめざしてきていた。それでも、ハーフマラソンで終えるのは可能な選択肢だ。ハーフマラソンの完走メダルはもらえるだろう。

自分のコンディションをざっと考えてみると、あやふやな結論が出る。わたしは疲れてはいる。これを避けて通ることはできない。それでも、骨の髄まで消耗しているわけではない。まだタンクにはいくらかのガソリンが残っているが、次の一三・一マイルをやり通せるかどうかは、定かではない。けれども、この意識的な予測は実は付帯徴候的なものであって、意識的な心が好むそぶり、演じたがるゲームでしかない。心の奥底ではわたしは常に知っていた。ふくらはぎが肉離れしないなら、あるいは脚がわたしの重圧に耐えかねないなら、走りつづけて、フルマラソンに挑戦するだろうということを。それは、知ることなのだ。何が自分を壊すかを知りたいのだ。もし、ここで止めたら、翌週の間じゅう自分を憎むだろうことは十分に想像がついた。自分の見下げ果てた用心深さを憎み、一週間ずうっと「もし、こうしていたら、どうなっていたか」と想像するだろう。周囲をうんざりさせるだろう。もし、ここでトライして、それで失敗したとしても――次の一三・一マイルが高望みすぎて達成できなかったとしても――このために自分がもつ能力のすべてを出し切ったことだけは知るだろう。そして、自分がもつ能力のすべてを使ってどこまで行き着けるかを知るだろう。時には、知るだけでも十分なのだ。

左の道はハーフマラソンのフィニッシュへといたる。それで、わたしは右の道を走る。二つの道のコントラストは歴然としている。ハーフマラソンのフィニッシュは、にこやかな顔と幸せな叫び声、喝采する友だちや家族に囲まれてこぶしを振りあげ、腕をかかげる人々でいっぱいだ。マラソンコースの方はひと気が少なく、静かだとすら言える。救われた人々というよりも、地獄に堕ちる人の道だ。わたしはエマに手短かに電話をして――このような緊急連絡のためにだけ、携帯電話をランニングベルトにたくしこんでおいた――もう二、三時間はここまで会いに来なくてもよいと知らせる。それから、自分の運命に向かって四番ストリートの橋をかけ上がる。

わたしは、このマラソンのために特別なトレーニングができなかったかもしれないが、何年もの間、長距離ランニングはしてきた。一二月の始めには二〇マイルを走ったし、それ以前、昨年の夏にはフランスで少なくとも二〇マイルに近い距離を走った。そして、ずっと昔、アラバマでの日々では折りにつけて走っていた。いっしょに走った群が若かった頃には、わたしは長距離を苦労して走った。動物たちは走る必要があったからだ。朝、かれらが壁に当たっては跳ね返って、わたしを起こすことがあった。そういう時には、今日はただ楽しむために二〇マイルを走ろうとしている、ということがわたしにはわかった。動物たちが歳をとるにつれて、わたしたちのランニングは先細りになった。毎日、五マイルぐらいを無感動に走るぐらいで、やがてそれはただの静かな散歩になった。そして、動物たちが死ぬと、群は場合によってはもう一度、若返り、サイクルがふたたび始まる。この二〇年のランニングは断続的だったとはいえ、今日にとっても何らかの価値はあるはずだと自分に言い聞かせる。価値をもつことになる、と確信する。ただし、正確にどれくらい価値があるのかは、これから突き止めなければならない。

人がはじめて走ろうとしているなら、あるいは長いブランクの後に復帰しようとしているなら、その走りには、ルネ・デカルトにちなんで、わたしがごく最近に「デカルトの位相《フェイズ》」と呼ぶことにした位相で起こる、エピソードの多くが含まれるだろう。第一章でもすでにわたしは、次のように述べている。「デカルトによると、目的のために脳と一体となる肉体は物理的実体であって、他の物理的実体とは組織の詳細でのみ異なるだけだという。一方、心――魂、精神、自己でもよく、デカルトはこれらが互換可能だとおおらかに考えていた――は、これとはまったく異なる。心は物理的なものではなく、体とは異なる物質でできており、物理的なものとは異なる法則や機能の原則にしたがっているというのだ。その結果でてきた観念、デカルトの二元論は、一人の人間を二つのまったく異なったもの、すなわち物理的な体と非物理的な心の混合物《アマルガム》とみなすのである」

デカルトの位相とわたしは、何年も前にいっしょだった。今日これは、一四マイルの距離表示をいくらか過ぎたところで、はじめて舞台に登場する。わたしは、「一五マイルだけでも到達させてくれ」と自分の脚に言い聞かせる。「そうしたら、しばらくは歩いてもいいから」と。けれども、もちろん今日は、一一月に長距離走を二〇マイルまで上げるために訓練していた頃と同じくらい、自分に嘘をつかなければならない。どうしても必要なら、長距離を歩いてもまったく構わない。他の人は同意しないかもしれないが、少なくともわたしに関してはそうだ。支障をきたすほどのトレーニング不足の状態でマラソンにアプローチする一つの方法は、レース中に意図的に歩きの時間を挿入することである。たとえば、二〇分走っては五分歩く。これは金曜日にレース用のパッケージを取りにきたときにもらった助言である。あるいは五分走って、一分歩いてもよい。人によっては、これはすばらしい助言かもしれないが、わたしの場合はこれが上手くいくとは思えない。だらしがないわたしには、これはできない。歩くというのは、わたしにとっては習慣性があり過ぎるのだ。いま、ここで歩きはじめたら、ふたたび走り出せるか自信がない。どうしても歩かなければならない地点は、いつかやって来るだろう。けれども、その地点はできるだけ後に延ばす必要がある。こうして、一四マイル地点の表示をいくらか過ぎた頃に、嘘が始まる。といっても、だれが嘘をつく側で、だれが嘘をつかれる側なのだろう。これはまるで、わたしの心がわたしの体に嘘をついているようなものだ。苦しんでいるのはわたしの肉体である。確認を必要としているのは、わたしの肉体である。しかし、体と心が二つの異なるものではないとしたら、心はどのようにして体に嘘をつけるだろう。デカルトが彼の路線を進む決定的なきっかけとなったのは、このような類いの直感だった。

ある意味で、わたしは、このような二元論者の直感を驚くべきものと見なすべきなのだろう。わたしの職業生活の多くにとっては、二元論者の直感は単に無視すべきものだった。デカルトの二元論は、実証的かつ論理的な問題の長い列に取り囲まれている。今日では、心と体が二つの異なるタイプの存在だと考える人はほとんどいない。何世代もの哲学者たちが、二元論に反論する説得力ある論拠を構築することを、自らの務めにしてきた。それができないときには、人受けしそうな表現――たとえば「機械の中の幽霊」――を発明して、二元論を非難した。デカルトが正しいはずがない。わたしはこのことを知っている。それでも、長距離走の途上では、デカルトが正しいとほとんど信じられるようなときがある。正しかろうとそうでなかろうと、これらの二元論的直感、いわばデカルト的な瞑想はほんの始まりである。精神の幻想は、長距離走が明らかにする道のほんの一つでしかない。

しばらくすると、デカルトの位相《フェイズ》はふつう、わたしにはなじみのある、躍動する思考の位相に道をゆずる。この位相を別の哲学者にちなんで命名してもよいのではないかと、いま思いついた。一八世紀のスコットランドの哲学者、デイヴィッド・ヒュームにちなんで、走りのヒュームの位相とするのだ。ヒュームの『人間本性論』に次のような有名な一節がある。「わたしが自己と呼ぶものの奥底まで入り込むたびに、かならず何らかの特別の知覚、熱さや冷たさ、光や陰、愛や憎しみ、痛みや喜びの知覚に出会う。知覚なしに自己をとらえることは決してできないし、知覚以外のものは何も観察できない」。ヒュームが「自己と呼ぶものの奥底まで」あえて入ると言うとき、これは、わたしたちが今日、内観と呼ぶものを指している。人が内観するとき、自分の注意を内部に向けるとき、そこに何が見えるだろう。ヒュームは、人はそこに思考、気分、感情、感動といったものを見つけると述べており、わたしはこれが正しいと思う。人が内観すると、自分が思っていることが何なのか、自分が感じることは何なのかなどに出会う。思考、気分、感情、感動はすべて、ときに心の状態と呼ばれるものである。それで、ヒュームの論点はこうなる。「心の状態」から切り離されたものとして、自分の心や自己に出会うことは決してない。言い換えれば、自分の心や自己に出会うための唯一の道は、さまざまな状況での自分の心に出会うことなのだ。

デカルトとヒュームの位相は、走りの個別の位相であって、それぞれは独自の形で、異なる理由から興味深いとわたしは思ってきた。だが、いまでは、もっと包括的なパターンが作用していると思いはじめている。デカルトとヒュームの位相をより大きな一つのプロセス、すなわち自己の分解プロセスの部分とみなすことができるのではないか。二時間半余り前に自分がこの走りをどのように始めたかに戻って考える。あの時点では、わたしはすっかり身体的な形を整えた自己だった。iPod nano の音を最大限にして、この場にふさわしく、怒りに満ちた音楽を流した。サリヴァの「クリック・クリック・ブーム」、レイジ・アゲインスト・ザ・マシーンの「キリング・イン・ザ・ネイム」、キッド・ロックの「Bawitdaba」(冒瀆的な言葉満載のライヴ・ヴァージョン)そして、おそらくはすべての中でもっともテストステロンに満ちた、ベートーヴェンのピアノ協奏曲第五番「皇帝」第三楽章などだ。わたしの肉体的な意識はカミソリのようにシャープで、気が進まないふくらはぎのいかなる障害をも敏感に感知し――肉が離れるかまとまっているか?――実際、多少とも調子の出ない身体のあらゆる部分の支障を感知していた。ふくらはぎの感覚は何を意味するのだろう。アキレス腱のこの痛みは何を示しているのだろう。背中のこの感覚は何なのだろう。走りの開始時、そして初期の段階では、わたしは作動する心と体の分割不能なアマルガムである。スピノザが想像したような自己なのだ。

ところが、デカルトの位相では、この高揚した肉体的な意識は消える。肉体は、わたしの経験的な世界の中心ではなくなり、ほとんど不要になる。守られそうもない約束を受け取る、だまされやすい存在へと退けられるのだ。いまやわたしは偽りの精神、いずれ破られる約束をする者となった。これは自己の縮小の最初の段階だ。肉体という形で具体化していた自己は、いまや肉体から抜け出た自己へと変わった。肉体はもはやわたしの一部ではない――本質的なわたしではない。肉体は単に、わたしが行こうとしているところにたどりつくために使われるものでしかない。それでも、デカルトが言うところの精神は、自分が主人であると称しているが、この地位は不安定だ。肉体がその策略に気づくこともあるし、あるいは別の理由から、精神に従うのを止めてしまうかもしれないのだ。主人がまたたく間に奴隷になってしまうこともある。デカルトが言う自己、つまり肉体から抜け出た自己は、その性質上、苦難を抱えた自己なのである。

ヒュームの位相では、自己はさらに退く。長距離走におけるデカルトの位相の特徴は、非物理的な自己があるかのような気分である。この非物理的な自己が采配をふるって、肉体に対して、一定の特別な条件に応じて、あれやこれやをする許可を出す。けれども、ヒュームの位相に入ると、制御支配する自我は目の前で解消しはじめる。ヒュームの位相では、はっきりとした心はなくなる。明白な支配者、つまり考える主体はいない。その代わりにわたしは、どこからともなく訪れ、即座にどこかに消えてしまう思考に魅了される。もはや主人を自称する者はおらず、自己に残されるのは、何もない青空での思考の躍動だけだ。わたしの心があるとわたしが思っていた青空での躍動だ。わたの心は単に、この躍動がなす、つかの間の輪郭でしかない。自己が躍動であって、この躍動に加えて踊り手がいるわけではないのだ。

いまやわたしは、長距離走が結びつきのないさまざまな部分や様相でできているものではなく、あるプロセスの展開だと見るようになる。このプロセスで自己は、スピノザ論者の具体的な形に始まり、デカルトの言う、肉体から抜けたヴァージョンを経て、躍動する思考という、ヒューム的な自己へと転換していく。長距離がこのように展開しなければならないというわけではない。これらの位相すべてを含む長距離走もあれば、まったく含まない長距離走もある。それに、たとえヒュームの位相に達したとしても、それはすぐに、いとも簡単にふたたび消えてしまう。それでも、走りはこのようにして展開することがある。そして、そうなったときには、わたしは自分が走っている道をいまや理解できる。一つ一つの位相を経るごとに、わたしは走りのビーティング・ハートの奥へと入って行く。そして、このハートの中で一息一息するたびに、わたしという自己は蒸発して消える。

一五マイルの表示が見えないのがとても気にかかる。いまいましい道路を折り返した後の一マイルは驚くほど簡単で、ほとんど楽しいとも言えた。もちろん、この一マイルは、自分が完成させることができるかどうかわからないものを開始するときに伴う、アドレナリンの流出に支配されていた。だが、このアドレナリンはとっくに過ぎ去った。一四マイルの表示と同じである。それなのに、一五マイルの表示が見えない。最後の距離表示を過ぎてからは、わたしはとても、とても消耗しており、痛みも始まっている。鼠蹊部と太もものあたりがうずくのだ。わたしは準備をしてきていた。ベルトに入れておいたイブプロフェンの錠剤を二粒ほど飲み、GU（カフェインの入った炭水化物のジェル）の最初のパッケージを飲み干した。前半の一三・一マイルでは、四つもってきたパッケージの一つも飲まなかった。これらを無意識に何かのためにとっておいたのだという事実の方が多くを語っていたのだと、いまになって悟る。前半でふくらはぎが肉離れを起こさなかったら、自分が二六・二マイルに挑戦するつもりであることを、わたしはずっとわかっていたのだ。そしていま、わたしはここにいる。長い道を後にしたが、まだこの先、同じくらいの長い道を走らなければならない。そして、ここまでこぎ着けたら、この先の走りは常に辛くなる、ということもわたしは知っていた。この点をいまや思考の中心にしっかりと据えておかなければならない。ココナッツ・グローヴ裏の、いくつかのあまり特徴のない通りを走り抜ける。グローヴのダウンタウンまでたどりつけて、ココウォークに並ぶ店たちを眺め、もう一度、ビスケイン・ベイの輝く青い水に合流したら、自分がうまくやれそうだということがわかるだろう。たぶん。

このレースでは、すでにデカルトとヒュームの位相《フェイズ》を通り抜けてきた。それぞれを何回も経験した。これは驚きではないが、そのあとに来ることはまったく予想外である。スピノザ主義、デカルト、ヒュームの位相を、自己の分解における連続した段階と見る中で、このプロセスはこの限りで終わりだと思っていた。ヒュームの位相が最高点なのだと思ったのだが、これは間違いだった。いまやわたしは、以前には経験したことのない走りの位相に直面している。あまりに驚いたので、すぐにこれに名前をつけることもできなかった。それでも、どういうわけか、わたしは今日の出来事にレッテルを付けるのがほとんど超自然的にうまいらしい。この位相がゆっくりと展開するにつれて、これはフランスの実存主義哲学者、ジャン＝ポール・サルトルにちなんで、「サルトルの位相」と名づけられるのではないかと思いついた。サルトルの位相とは基本的には、自己の縮小がさらに進んだ段階だ。

ヒュームの位相では、思考の背後に思想家は見えない。それでも、これらの思考を自分自身とむすびつけたくなる。わたしは――もはや――踊り手ではないかもしれないが、少なくとも躍動そのものではある、わたしはまだ何者かではあるのだと思いたくなる。この気分はしぶとい。ところが、走りにおけるサルトルの位相が始まると、この気分が終わる。スピノザの位相からデカルトを経てヒュームの位相へいたる変換で、自己は肉体と心の連続体から心へ、そしてその後、心から思考へと縮小した。サルトルの位相では、心はさらに縮小して、思考から無へと変わる。いま、はじめてサルトルの位相に身を置いて、これらの思考が自分の一部などではまったくないということを悟るようになる。これらは自分を超越したものであって、わたしの外側にあるものとして、取り消すことのできない形で断固として存在するのだ。そして、唇に笑みがゆっくりと浮かぶように、徐々に、わたしは理解しはじめる。ここには、わたしがこのレースを完走できるかどうかにとって、もっとも重要なことが含まれているのだということを。これらの思考はわたしに対して何の支配力もないのだ。

わたしはますます疲れてきた。これは避けて通ることができない。一四マイルの表示の後のどこかにいるのだが、前方を見渡しても、一五マイルの表示はいまだに見えない。体が痛む。痛みはまだかなり小さいが、痛みはますますひどくなると見てよいだろう。自分が苦しんでいるとは言えない。少なくともまだそれほど苦しんではいないが、その状態は遠からず来るだろう。ある点では、休みたい、少なくともしばらく歩きたいと思う。一定のレベルでは、これらのどちらかをしたい欲求にかられる。疲れとか欲求は、わたしがストップすることの理由である。けれども、いまやわたしにはわかる——とつぜん悟ったのではなく、ささやくような噂話がゆっくりと聞こえるような形でわかる。一マイル当たり一一分のスピードで、片足をもう片足の前に出してとぼとぼ走るのを、わたしに止めさせることができる理由は何もないのだということが。休止する理由はまだいくらでも挙げることができるし、これらの理由を黒くて説得力のある塊へと凝結させることもできるだろう。それでも、これらの理由はわたしに対して支配力をもたない。走るのを休止するためのあらゆる理由はいまだに、わたしが走りつづける——わたしの脚が一歩一歩、前進をつづける——ことと矛盾しない。わたしをストップさせることができる理由は何もないのだ。この限りでは、わたしは自由だ。実際、これはわたしのような年齢の人間にとって可能な、もっとも純粋な自由の体験なのではないかと思う。

サルトルは、意識の性質の古典的な探求において、いささか驚くべき主張を弁護した。この主張を本当に理解した人は少ないと、わたしは思いはじめている。サルトルはこう書いた。「あらゆる意識……は何かの意識である。これは、超越的な対象の措定でない意識はない、という意味、言い換えれば、意識にはなんの「内容」もないという意味である」。意識は内容をもたない、意識の中には何もないのだ。意識は無‐存在の核心部へと徐々に入り込んだ、無の小さなポケットなのだ。わたしが意識であるという限りにおいては、わたしは無である。そして、わたしは無であるから、自由なのだ。

「あらゆる意識は何かの意識である」。たとえば、一五マイルの表示がそう遠いはずがない、とわたしが思うとき、わたしの思考は距離表示と、その表示とわたしの空間的な近さの可能性に関わっている。ふと見上げてそこに表示が見えたら――この電子表示板には「一五マイル」のほかにレースの時間も表示されている――、わたしの視覚的な知覚は表示の知覚である。意識の状態――思考、確信、記憶、知覚など――は常に、物事の（of）、あるいは物事に関する（about）意識の状態である。哲学者たちが「アバウトネス（aboutness）」と呼ぶような、この「志向性」が意識の本質なのだと、サルトルは考えた。

けれども、意識の対象自体が何かに関しているわけではない。少なくとも、意識の状態が物事に関わるような仕方では関わっていない。「意識の対象」という表現は単に、わたしが自覚または意識している何かを意味するだけである。わたしが見たり、考えたり、欲したり、願ったりする何かである。わたしが一五マイルの表示について考えるなら、あるいは表示を見るなら、これはサルトルの言う意味での、わたしの意識の対象である。一五マイルの表示も何かについてのもの、何かに関しているかのように見える。表示はスタートラインからそこまでの距離と、そこまで走るのにかかった時間に関わってはいる。けれども、わたしたち人間が、この場合にはとくに人間のランナーが表示をそのように解釈するからこそ、表示が距離や時間に関わっているだけである。表示自体は単なる表示板上の光の集まりでしかない。わたしたちは一定のパターン――光のパターンでもインクと紙のパターンでも――を数字や文字と連想する、言語学的かつ数学的な慣習をもっている。表示板の光のパターンが、わたしが一五マイルを二時間五〇分で走ったことを意味する（少なくともこれは、自分が実際にそこに着いたときにそうであって欲しいとわたしが願っていることだ）のは、わたしたちがこれを読むからこそであり、わたしたちが数字をそのように解釈することができ、そうする慣習があるからこそである。けれども、これら光のパターンは、それ自体では何の意味ももたない。言い換えれば、一五マイル表示のサインは、スタートラインとスタート時からの距離と時間に関するものであるが、それは派生した意味、わたしたちの言語学的な慣習から派生した意味においてだけである。そして、わたしたちの言語学的な慣習はわたしたちの意識から派生する。ところが、わたしたちの思考、確信、欲望、願望、怒り、期待その他の意識の状態はこのようではない。わたしやだれか他の人が表示を先のように解釈したからといって、一五マイルの表示がそんなに遠いはずはないというわたしの思考は、一五マイルの表示や、わたしにとっての表示の空間的な近さに関しているわけではない。思考は内在的に、物事に関するものだ。そして同じことは、わたしの意識の他の状態にも当てはまる。

サルトルは、意識のどのような対象も、派生した意味での物事に関するだけだと主張した。そもそも、それが何かに関するのであれば、それが関していることは、わたしたちがそれをどう解釈するかの問題なのだという。これは――ここでわたしたちは本当に論議の的になる部分にくるのだが――意識の対象が精神的なものだとしても、真実である。わたしが目を閉じて、一五マイルの表示を想像しはじめると仮定してみよう。わたしはサインの心象《イメージ》、あるいはわたしがサインはこう見えるだろうと想像するものの心象をつくる。わたしはこの心象を意識するので、サルトルが言うように、これはわたしの意識の対象である。この心象はたしかに一五マイル表示に関しているように見える。だが、実際には、これが一五マイル表示に関しているのは、わたしがこの心象をこの形で解釈するからにすぎない。心象自体はどんなことも意味できる――何にでも関することができる――はずである。この心象は一五マイル表示を表現するかもしれないが、一般的な表示を表現するために使うこともできる。あるいはこれを、数字を表示するもの、光のあるもの、注意を払うべきものなどを表現するために使うこともできるだろう。原則的には、このような心象は、無限な数のもののどれでも意味することができる。ある心象の意味を固定するためには、つまり他の何かではなくて、ある一つのものにするためには、それを解釈しなければならない。ということは、心象自体は何かに関しているわけではないことになる。心象の「アバウトネス」は、それを解釈する意識とともにのみ、意義をもつようになる。意識のあらゆる対象、つまりわたしたちが意識するあらゆる物事が何かを意味するためには、解釈が必要なのである。したがって、これらの対象は内在的に、つまり、それ自体として何かに関しているわけではないのだ。

意識は内在的に物事に関している。意識の対象は、物理的なものであれ、精神的なものであれ、内在的に何かに関しているわけではない。だから、意識のどのような対象も意識の一部ではあり得ないのだ、とサルトルは結論する。「意識の対象」という表現は、単に「自分が意識している何か」という意味だということを、覚えておくべきである。したがって、サルトルが正しいのなら、わたしが意識している何ものも、わたしの意識の一部にはなれない。そして、わたしは意識であるのだから、わたしが意識している何ものも、わたしの一部にはなれないということになる。わたしが意識しているものは、わたしに「とっての」対象、つまりわたしが何らかの形で解釈できるものであるが、対象自体はわたしの一部にはなり得ないのだ。

サルトルが挑戦を出していると考えてみよう。意識に注意を向けてみよう。意識の中にある何かに注意を向けてみよう。「ここにそれがある！」とあなたが言うとき――たとえば思考、経験、気分、感動などに精神的に注意を向けるとき――それはあなたの意識の対象になる。もし、サルトルが正しいのなら、それはまさしく、あなたの意識の一部ではない、つまりあなたの一部ではない。世界全体はあなたの外にある。世界は、あなたが意識する物事や、少なくとも、適切に注意すればあなたが気づけるはずの、物事の集まりでしかないからだ。したがって、意識は何ものでもありえない。だから、意識は世界に向かう純粋な方向性でしかないとサルトルは結論する――「世界に向かって吹く風」だとサルトルは言った。意識は、意識ではない物事へと向かう方向性であって、それ以上の何ものでもない。この観点からすると、デカルトの誤りは、意識を一つのものと見なしたことにあった――それがたとえ、特別な類いのもの、非物理的なもの、精神的なものだとしても。意識は現実にはものではない。無なのだ。ヒュームの誤りは、わたしが意識する思考、感情その他の精神的な状態がわたしの一部だと考えたことにある。これらはわたしの一部ではない。これらはわたしの外にあり、わたしとはまったく異質なのだ。

*

わたしが走るのを休止すべきだとするあらゆる理由は、わたしに対して何の支配力ももたない。これらの理由はわたしの一部ではないからだ。これらがわたしの一部ではないのは、わたしがこれらの理由に気づいているからである。わたしがこれらの理由に気づいているから、これらは内在的に何かに関しているわけではない。これらの理由の意味は、これらの理由に内在的なものではない。これらの理由がどのような意味をもとうとも、その意味づけはわたしがすべきことである。そして、このような意味づけはわたしの選択である。これこそが、サルトルの初期の不滅の、そしてもっともすぐれた作品、『存在と無』の核心である。六〇〇ページにのぼる他のすべての記述は、意識が空《から》であるというこの観念が含蓄することの理解の試みばかりに費やされている。意識には何もない、意識には内容はないということの理解である。わたしは今日ほど、一五マイルの表示を求めて遠くを見渡したした不安で苦しい数分間ほど、サルトルを良く理解したことはかつて一度としてなかった。

理由というのは、わたしが意識することだ。もし、理由を意識しないのなら、それは理由ではなくて、他のもの、原因である。もし、わたしが理由を意識するなら、理由はわたしの意識の一部ではない。わたしが意識する理由は、あらゆることを意味できる。それがある一つのことを意味し、別のことを意味しないためには、わたしはその理由を解釈しなければならない。ということは、どのような理由もわたしに、あれではなくてこれをしろと強いることはできないのである。その理由がわたしの行動にとってもつどのような含蓄も、その理由が何を意味するかという問題である。そして、その理由はわたしが意識しているものであるから、理由の意味はわたしから出てこなければならない。したがって、わたしがもつ理由とわたしがすることとの間には、常に隙き間《ギャップ》があるだろう。そしてこの隙き間をうめることができるものは、理由自体にはない。こうして今日、一四マイルの表示を過ぎたどこかで、わたしは生まれてはじめて、理由と行動の隙き間について適切に理解するようになる。隙き間は常にある——わたしがもつあらゆる理由と、わたしがするあらゆる行動との間に。しかし、この深淵で論理的な点が生き生きとした体験的な確証を得るのは、この長くて困難な走りにおいてだけなのかもしれない。

　わたしがこの走りの残りの途上で踏もうとしているどの一歩も、わたしの選択である。選択は理由にもとづいてすることができるが、どのような理由もある一つの選択を強いることはできないのだということが、いまのわたしにはわかる。理由と、理由につづく選択の間には常に隙き間がある。長距離走でわたしが踏むどの一歩も、それをするかどうか、わたしは選ぶことができる。次の一歩を踏みだすか、それとも止めるかを選択できる。わたしが選択できない唯一のことは、この選択をするかしないか、ということであって、どちらの道を行くかの選択を強いることのできる理由は何もないのだ。一二・八マイルの表示地点でわたしは、続行してフルマラソンを試みることを決断したし、このレースを完走したいという理由は十分にある。それでも、新たに踏むどの一歩にも、自分の決断の再確認が必要だ。新たな一歩一歩は、自分の欲求の反復を必要とする。わたしがこの長距離走で踏む新たな一歩ごとに、わたしの欲求と決断は毎回、別のことを意味する場合がある。この欲求と決断を、完全に拘束力をもつものと見なしてもよいかもしれないし、以前の時間の気まぐれでしかないからいまは放棄すべきだ、と見なすこともできる。これらが何なのか、どう解釈すべきなのかは、わたしの選択である。そして、どちらの道を選ぶかをわたしに強制できるものはない。アラン・シリトーの小説、『長距離走者の孤独』の古い記憶が一瞬、心をよぎる。ヒーローになるには不似合いな主人公、コリン・スミスは、フィニッシュラインの数メートル手前でわざとスピードを落とし、後続ランナーに抜き去られる。勝とうとしていたのに、そしてこのようなことをすれば冷酷な結果になるのがわかっているのに、そうするのだ。けれども、サルトルの認識に焚きつけられたわたしは、この種の懐疑主義《ネガティビティ》に引き止められるにはあまりに陽気《アップビート》な気分にある。スミスが走るのを止めることを選択したのは、彼には走りつづけるよう強いることができる理由がなかったからだ。わたしの関心事は別の方向にしっかり向いている。いかなる理由も、わたしに走るのを止めさせることはできない。もし、わたしが止まるとしたらそれは、わたしがそうすることを選択したからだ。もし、わたしが止まるとしたらそれは、ある理由がわたしを欺くのを――その理由が実際よりも力があるということを納得させてくれることを――わたしが許したからということになる。

目の隅に一五マイルの表示が見えてきた。えっ！　違った！　一五マイルではなくて一六マイルだ！　一五マイル表示を見過ごしたのだ。〝新サルトル〟の反芻に没頭すると、こういうことが起こるようだ。一六マイルまで来たなら、残りは一〇マイル、二時間かからない。これならできる。サルトルは、人が自分自身の自由を体験する様子を描写するために、「苦悩《アンゴワス》」という言葉をつかった。自分がもつ理由のいずれもが、わたしがなすべきことを決められはしないとわたしが悟るなら、わたしは苦悩を体験するとサルトルは言う。わたしは絶対にそうは呼ばない。一六マイルの表示が見える前ですら、わたしはそうは呼ばなかっただろう。わたしにストップさせる理由が何もないとわかったときに、わたしが感じたのは喜びだった。喜びは、内在的に価値あるものがその存在を人生の中で感じさせる、もっとも信頼のおける徴候だ。自由の中で走りつづけること、理由と行動の間にある隙き間の自由の中を走ることは、この世界における、内在的に価値がある存在の仕方の一つである。この自由の中で走るのは、喜びの中で走ることなのだ。

わたしはいま、サルトルの自由の見方は広く誤解されているのではないかと思いはじめている。サルトルが主張していることは、彼が実際に言うほどのものではないと考える人がいる。こうした人々は、サルトルがしているのは自由の経験、つまり自由であるというのはどのような感じなのかを描写するだけなのだと言う。他方では、サルトルの主張していることは、実際に彼が言っている以上のものだと考える人もいる。サルトルは、わたしたちの自由には何の限界もない、わたしたちは何らかの絶対的な意味で自由なのだと主張しているのだと、こうした人々は解釈する。外的などんな要因や状況も、わたしたちの自由を奪うことも、何をすべきかを強いることもできないというのだ。これは馬鹿げた見方で、サルトルがそう考えはしなかったことに、わたしはかなり確信がある。サルトルによると、どのような理由もわたしたちを強いることはできないという意味で、そしてこの程度までは、わたしたちは自由である。理由はわたしたちのために何も決定しない。これは、単に自由を感じるというだけではない。この意味で、そしてこの程度まではわたしは本当に自由なのである。ただし、だからといって何ものもわたしに走るのを止めさせることができない、というわけではない。理由のほかに、原因もあるからだ。理由は何ごとも決定できないが、原因はたしかに決定できる。

理由と原因の違いを理解するのは、原則的には簡単だが、くわしく正確に説明するのは時として難しい。基本的な考え方としては、理由は自分がもっているものであり、原因はわたしたちに起こることである。わたしが今日走っているのは明らかに、わたしがマラソンを走ってみたいからだ。この走りたいという願いや欲求は、わたしがもつ理由の一部である。わたしはまた、これに関連する確信ももつ必要がある。たとえば、今日がマラソンの日であるということや、わたしがいま、マラソンのコースを走っているということを信じる必要がある。もしこれらのことを信じなかったら、マラソンを走りたいというわたしの単純な欲求では、なぜわたしがここ、この場所を走っているかということの説明がつかなくなる。理由の標準的な考え方は、このような一般的な欲求・確信の組み合わせなのである。全体としてこの組み合わせが、なぜわたしが走っているのかに説明をつけるのだ。これを、これとはまったく異なる説明と対照させてみよう。だれかが車の後ろにわたしを縛りつけ、マラソンの日にマラソンコースをほぼ時速五マイル半でわたしを引っ張りながらドライヴしているから、わたしは走っているのだと。これはわたしが走っている原因である。この原因はわたしがもっているわけではなく、わたしに起こったことである。ふつう、理由は原因の一種——単にわたしたちに起こる原因ではなくて、わたしたちがもつ原因——だと考えられている。サルトルは、わたしがもつ理由がわたしを強いることができないという程度までは、わたしは自由だと言った。けれども、この主張はもちろん、原因——わたしがもつ原因ではなくて、わたしに起こる原因——がわたしを強いることができるという考え方とは矛盾しない。そして明らかに、原因は実際わたしを強いることができるだけでなく、わたしを打ち砕くこともできる。

意識の中には何もない。意識は空《から》で、風が世界に向かって吹く。意識は穴と似ている。穴はそれ自体では存在できない。穴はその縁《ふち》によって定義されるが、縁自体は穴の一部ではない。こうして、穴は穴自体ではないものがある場合にだけ、存在できる。同じことは意識にも当てはまる。意識は意識ではないものがある場合にだけ、存在できる。実際、サルトルにとって意識は、意識でないものとの関係によって定義される。サルトルはこの点をしばしば、「わたしはわたしでないものであり、わたしであるものはわたしではない」［ふつう「それがあるところのものであらず、それがあらぬところのものであるもの」と訳されている］という言い方で表した。

わたしが、わたしというものや、わたしである可能性があるものを意識すると仮定しよう。わたしは四八歳の男性、夫であり、二人の子どもの父親である。わたしは哲学の教授だ。わたしはウェールズ出身だが、現在は、マイアミに住んでいる。わたしは二流のランナーである。わたしはひどくトレーニング不足である。これらはすべてわたしに当てはまる。これらはすべて、わたしを指しているとわたしが思うことである。けれどもサルトルは、実際にはわたしはこれらのどれ一つでもない、と論じた。自分がこれらのものであると意識しているからこそ、わたしはこれらのどれ一つでもないのだと。むしろ、わたしはこれらのものの意義を決定する者、これらが何を意味するかを決める者である。わたしが本当は何なのかということは、この類の特徴づけやこれらに代わってわたしが使いそうなその他の特徴づけを免れなければならない、とサルトルは論じた。本当のわたしは何なのかということは、自分自身についてのわたしの考え方から常に逃れ、これらに捕えられることはないのだ。サルトルの言う「わたしであるものはわたしではない」は、このような意味である。しかし、ここにはもう一つの明瞭な意味がある。この意味では、もしわたしが四八歳の男性でなく、走りかつ哲学を教授する二児の父、ウェールズ生まれのマイアミ住人でないとしたら、それは、わたしが盲目のブルース・ギタリストとか多国籍企業の女性取締役でないというのとはまったく違った意味において、わたしはこれら（四八歳の男性云々）ではない。わたしは、四八歳の男性、走り、哲学を教える二児の父、ウェールズ生まれでマイアミ在住の者ではない存在として定義されるが、これら他の者（ギタリストとか女性取締役）ではない者としては定義されない。サルトルによれば、わたしはわたしに当てはまることではない存在によって定義されるが、わたしに当てはまらないことではない存在としては、定義されない。これがサルトルの言う「わたしはわたしでないものである」、ということの意味である。

わたしは、わたしに当てはまるものではない、ということによって定義される。意識としては、わたしは無である。しかし、無は何かとの関係としてのみ、存在できる。そして、わたしでない何かは、サルトルが言うところの、わたしの「事実性」である。事実性は、先に挙げた穴の縁《ふち》に相当する。穴自体ではないが、それなしでは穴が存在できないものである。わたしはわたしの事実性ではないが、わたしは事実性との関係でのみ、存在できるのだ。事実性は一瞬、一瞬で変化する。わたしの目下の事実性とは、おおざっぱに言えば、わたしがいま、この時点で置かれている状況である。わたしの目下の状況は、わたしがマラソンを走っている、あるいは少なくとも走ろうしている、ということである。このための生まれつきの素質がわたしにはない。実際、まったくない。それに、大してトレーニングをすることができなかった。事実、トレーニングは実にまずく運んだ。これに加えて、わたしの特別に肉体的な事実性もある。この状況にわたしがもちこんだ、肉体的なお荷物である。この肉体は四八歳で、いろいろな経験をしてきた。歴史があるのだ。この肉体には一定の嘆かわしい要素があり、これらは「フォーム」［形という意味だけでなく、コンディション、調子という意味も含む］とでも呼べるものをもつ。わたしは男という単なる外観にまとめて植え付けられた怪我、傷跡、弱さのかたまりのようなものだ。ふくらはぎの問題にこれほど集中しなかったら、別の心配事がたっぷりあったはずである。

たとえば、関節炎をおこしたひざがある。欠陥のある背中は、長距離を走っている間に痙攣を起こすことがある（この理由からも、最近はいつも携帯電話を持参して走っている）。ほとんどいつも苦痛を訴えるアキレス腱は、いつ爆発してもおかしくない。ふくらはぎは最近、肉離れを起こしたことだし、マラソンへのフィットネスに少しでも近づけるものは、何もない。これが、なぜわたしが今日、二六・二マイルを走り通せそうもないことを説明する、わたしの事実性である。わたしはわたしの事実性ではないかもしれないが、これはだれか他の人の事実性ではなくて、わたしの事実性である。だから、これはわたしを規定する。わたしはマイク・ローランズではない。四八歳、才能がなくてトレーニングが足りず、肥り過ぎで、あやしげなふくらはぎ、ひざ、アキレス腱、背中をもつマイク・ローランズではない。わたしの事実性は、ばかばかしいほど生半可な事実性である。もっと若くて、体重が軽い人とか、四ヶ月のトレーニングをなし遂げた人の事実性をもちたいところだが、物事はそうはならなかった。

この種の事実性をもって取り組むなら、長距離走の最中の痛みはまったく正常であり、わたしはたいていは気にするどころか、無視するようにしている。痛みを、警戒を促すサインだとみなす人もいる。だが、痛みはわたしの事実性の一部である。ちょっとした痛みを感じるたびに止まるなら、どのようなランニングもなし得ないだろう。いま、わたしは一九マイルの表示に近づいているが、最後の二マイルではこむらがえりが起こった。肉離れの問題がない右のふくらはぎが苦痛をもっともやかましく訴えた。無意識に左脚をかばっていたにちがいない。まったく珍妙だ。わたしはマラソンを走るというよりも、脚を引きずって前進していたらしい。不思議なことに、このふくらはぎについてはあまり心配していない。といっても、疲れすぎていて、ふくらはぎの状態を現実的に評価できないからだけかもしれないが。ふくらはぎのような小さな筋肉のこむらがえりはストレッチで治せる、と自分に言い聞かせる。実際、ほぼ一マイルごとにふくらはぎを強くストレッチしたのは効果があった。わたしはさらに、自分に言い聞かせる。「それに、たとえ右のふくらはぎが、数ヶ月前の左のふくらはぎのようになったとしても、フィニッシュラインへの最後の七マイル〔約一一・二キロ〕は足を引きずってでも行けるさ」と。とはいえ、これまでの人生で、七マイルも足を引きずって歩いたことは一度もないので、確信はほとんどできない。

一九マイルの表示のすぐ後、ひざの後ろの腱がひどく緊張しはじめるが、これもストレッチで効果的に伸ばすことができる。この時点あたりではまた、五時間ペースランナーたちの出現によって支えられる。フルマラソンを続行することにして以来、かれらの姿を見ていなかった。ペースランナーたちは、わたしが二〇マイルの表示に接近しているときにわたしのそばを通りすぎる。わたしは、緊張して痛む筋肉をあたかも問題がないものとしてしまい込み、かれらの後ろにかくれる。二ヶ月前だったら、五時間というタイムに打ちのめされていただろうが、今日はこれを成果だとみなせるだろう。

二三マイル表示のあたり、リッケンバッカー・コーズウェイを東に走っているころ、こむらがえりが本当にひどくなりはじめた。今回のこれは、大きな筋肉群である四頭筋で、しかも両脚で起こった。これをストレッチで治すのははるかに難しい。一つには、あまりに疲れているため、四頭筋のストレッチをしようとして片足で立とうとするたびに、よろめいてしまうからでもある。それに、たとえ数秒以上どうにか立ちつづけられても、四頭筋のストレッチがうまく行くようには思えない。四頭筋のこむらがえりは、ふくらはぎのそれよりもずっと憂慮すべきものだ。ふくらはぎが粉砕しても、どうにか家まで足を引きずって帰れるだろうが、四頭筋のような大きな筋肉群がけいれんを起こせば、わたしは一トンのレンガのように頽《くずお》れてしまうだろう。そして、すぐにふたたび立ち上がれるかどうかは怪しい。フィニッシュラインまでは三マイル［約四・八キロ］離れているが、わたしには三〇〇マイルのように感じる。問題をできる限り処理してみる。ストレッチをしては、痙攣がふたたび起こりそうな気配がするまで走り、またいくらかストレッチするのだ。

痛みの中で走るのは、自由の境界地を走っているようなものだ。まだ理由の領域に属してはいるが、原因の領域との境界線を危なっかしくもてあそぶのだ。一二月初めにした最後の長距離走を、わたしは片方のひざの関節炎が再発する中ではじめた。どちらのひざだったかは忘れたが、最初の八マイルぐらいが非常に不快だったことは覚えている。ところが、その後は痛みは自然におさまった。今日の四頭筋の痛みは、あの時のひざの痛みよりはかなり弱いと思う。それでも、あの時のわたしは、理由と原因の境界地の近くを通ってはいなかった。今回はそこが違うのだ。

ひざの痛みは、走るのを止める理由だった。これは、理由以上の何ものにもならなかった。そして、いかなる理由もわたしを強いることはできない。ひざの痛みは対処できるものだった。それ以上は悪くなりそうもなかったし、ひざが動かなくなるはずもなかった。ところが、四頭筋の痛みはこれとはまったく異なる。これはあらゆる可能性に関わることだ。いま起こっている痛みのレベルとはほとんど関係がなく、一瞬後に起こるかもしれないかことに関係するのだ。

たとえば、この痛みがこれ以上のひどいこむら返り、銃で撃たれたかのように道路に頽《くずお》れさせるような事態にいたらないことを、わたしがどういうわけか知っていたとしよう。どのように知り得たかは問題ではない。たとえば、親切な神がいて、このレースでのわたしの幸運に関心があって、リッケンバッカー・コーズウェイの上に姿を現わしたとしよう。この神は言う。「オーケー、マーク。痛みはこれだけだ。これ以上は悪くならない。四頭筋はこれ以上のこむら返りを起こさない。地面に頽れる心配はない。いましていることを、このまま続けなさい。そうすれば、レースを完走できるだろう」と。わたしがこのことを知っていたら、走りつづけられるだろうか。もちろん、つづけられることには、一点の疑いもない。それがとても楽しいとは言えないだろうが、耐えられるのは確かだ。

自由の境界地は陰の地である。具体的でたしかなことが住む地ではなく、存在するようになるかもしれないものの陰が住む地だ。この種の痛みの中で走るとき、わたしは境界地を走っている。理由と原因を分ける境界線に沿った土地を走っているのだ。痛み——たしかにこの種のものとしては穏やかな痛み——は理由であって、わたしに走るのを止めさせることは決してできない。けれども、この特別な痛みは特別な種類の理由である。いまにも、わたしを打ち砕いてしまうこともできる原因へと変わりそうな、切迫した姿をもった理由なのだ。二ヶ月前のひざの痛みは、痛みとしてははるかにひどかったが、この種の痛みではなかった。それそのままの痛みで、何ら切迫したものではなかった。これとは違う今日の痛みを抱えつつ、最後の一秒、転換が起こる前の最後の一秒まで、わたしはひたすら進みつづけなければならない。わたしがもっている理由が、わたしに単に起こる原因に転換する一瞬前まで、原因の地の境界線の上を走りつづけなければならない。それでも、決してこの境界線を踏み越えてはならないのだ。

8 神々、哲学者、競技選手 二〇一一

前章まで、老いつつある哲学者で才能のないランナーが、生まれてはじめてのマラソンを完走するまでの話を書いてきた。走り、ストレッチし、走り、ストレッチし、走り、ストレッチし、選択の余地がなくなると歩き、リッケンバッカー・コーズウェイからベイフロント・パークまでの最後の三マイルは、自由の境界地の端を通った。走りのハートビートのこれほど奥まで入ったことはかつてなかった。理由と行動の隙き間、サルトルが苦悶を見出し、わたしが喜びを見出した隙き間で、わたしは、内在的な価値の体験がもつことのできる、驚くべき形の一つに出会った。これ以上の奥があるのなら、いつかはもっと奥に行くことがあるかもしれない。フィニッシュラインを越えた瞬間に頭に浮かんだ考えは、「これがそうなのだろうか?」、「もう走るのを止めていいのだろうか?」だった。それから、だれかがわたしの首に輝くメダルをかけてくれ、もう止まってもいいらしいとわかった。ラインを越えたときに、もっとこの場にふさわしい、意気揚々とした思考が頭に入ってくれれば素晴らしかったはずなのだが、これはまったく筋違いなのだろう。クロックタイム〔グロスタイムとも〕は五時間一五

分二三秒、チップタイム［ネットタイムとも］は五時間八分四四秒だった（参加者が多いために、号砲の時点とわたしが実際にスタートラインを通貨する時点には差がある。わたしのナンバーカードには小さなチップが装着されていて、わたしがスタートラインを越えてからフィニッシュラインを越えるまでの時間を記録する。これがいわゆる「チップタイム」である）。四頭筋のこむら返りのために、最後の三マイルには約一五分だけ余分にかかった。これは本当に忌々しい時間で、数ヶ月前のわたしだったら、怒りの塊になっていただろう。けれども、今日わたしは不幸などではまったくない。

この数時間、二六マイルと三八五ヤードの目的は何だったのだろうか。このようなことをするだけの価値は本当にあったのだろうか。価値は走ることの美であって、そこには何の目的もない。人生の目的が止まるところに、「価値ある」ものが見出される。わたしたちは実用主義の時代に生きており、あらゆるものの価値を、その目的のための機能として考える傾向がある。わたしたちの時代に特有な疑問は、「それは何のために良いのか」であり、何かが「何のためにもならない」というのは、それに価値がないというのに等しい。これは、マルティン・ハイデガーが言うように、わたしたちのゲシュテル、つまり枠づけで、人生で何が価値あるかについて、まったく特定の方法で考えるよう求める。何かが人生での価値をもつのなら、それは何か他のことのためであるはずだ、という考え方である。マラソンであれ、近所を走り回るゆるやかなジョギングであれ、ランニングがそれをするだけの価値をもつのなら、それは健康を促進したり、満足感や自信をもたらしたり、ストレス解消になったり、社交の機会をつくってくれたりするからこそ、価値があるはずだというわけである。そもそも、ある活動に価値があるのなら、それは何かにとって有用でなければならないという考え方だ。そして、この何かは他の何か、つまりその活動の外側にある何かだということが暗黙に仮定され、わたしたちの時代特有のゲシュテルの中に組み込まれている。

このような態度がどういう結果をもたらすか、わたしは毎日のように目にしている。「本当は○○(哲学、文学、言語)が勉強したかったのです。でも親が、何か意味のあること、役に立つこと、将来、就職に役立つことをするべきだと言ったので」と学生たちは話す。こうして、若い人生はこんなにも早く、自分が本当は望まなかったようなコースに乗せられてしまう。かれらは金をもらうために働き、人生に見出すどのような満足も、他のところで見つけなければならないだろう。けれども、別の時代、別のゲシュテルにおいてだったら、かれらの両親はこう言ったかもしれない。「あなたにとって遊びである何かを見つけるのよ。それ自体のためにすることを見つけるのよ。そして、自分のすることに対してお金を払ってくれようとする人を見つけるの。それでも、どんなにお金をもらおうとも、いつもそれ自体のためにするのであって、お金のためにするわけじゃないように注意するの。それが常に遊びであって、決して仕事ではないようにするんですよ」と。わたしも、自分の子どもたちにこう言えるようでありたい。

価値についてのわたしたちの考え方は、いささか不明確かもしれないが同じように有害な、別の結末にいたることもある。わたしたちが自分の人生の価値や意味を理解することを、不可能にしてしまうのだ。フランスの実存主義哲学者アルベール・カミュは『シーシュポスの神話』というエッセーの中でこう書いている。「おのれを殺すというのは、要するに告白である。生きることが手に余るということの告白であり……生きることは『骨折りがいがない』と告白しているにすぎない」。この啓発的な観点から見ると、人生の意味の追求は、苦労してでもする価値があることの追求である。人生におけるあらゆるものの価値がその目的にある、という考え方は、人生の意味を見つけるのを不可能にする。少なくとも、目的という考え方がふつう理解されているようなものであれば、不可能にする。なぜそうなのかを見るために、ハイデガーの、いかにも彼らしく内容のつまった以下の一節を考えてみよう。

趣向性は世界＝内＝存在のありかたである。このことはどのみちすでに、予定されている。（中略）たとえば、手の届くところにあるもの、したがって「ハンマー」とわたしたちが呼ぶものは、槌を打つことに趣向性があり、次に槌を打つことには、家を固定することに趣向性がある。家を固定することは、悪天候から身を守ることに趣向性がある。そして、身を守ること「というのは」、現存在に避難場所を提供するためである。つまり現存在が存在できるようにするためである。［中略］しかし、趣向性の全体性そのものは究極的には、それ以上の趣向性のない「……に向かって」に帰着する。［中略］第一義的な「……に向かって」は「……のために」である。しかし、「……のために」は常に最後には、現存在の存在そのものを指すのである。

この文章は一九二七年に出版された『存在と時間』からの抜粋である［第一部第三章第一八節］。この年にはシュリックの短いエッセー「人生の意味について」が出ている。二人は明らかに異なるが――シュリックの文は読みやすく、ハイデガーは、不必要にわかりにくく書くことに無上の喜びを感じていたようだ――この点での二人の関心は重なり合っている。何かが、それが目的をもった場合にだけ、価値あるものになれるとしよう。ハイデガーは、実質的には、これらの目的が何をもたらすかをわたしたちに示している。ハイデガーは人間を「現存在（Dasein）」と名づけた。もっと正確には、人間がもつ、存在のしかたのタイプをそう名づけた。人間は世界を道具のネットワークの面から見る。そしてこのネットワークを究極的に結びつける目的はすべて、わたしたち、つまり現存在へと戻るというのだ。人が槌打つためにハンマーをふるのは、何かを固定するため、それは家をより安全なものにするため、それは嵐から身を守れるようにするため……とつながっていって、最後には現存在を生かしておくためとなる。価値は目的から生じ、最後にここで目的が終わる。このように、わたしたちがこのモデルを採用して、生きることの意味を見つけるために使うなら、わたしたちは類語反復にとらわれてしまうだろう。生きることの意味は何なのか、生きることを「骨折りがいのあるもの」にするのは何なのかという疑問の唯一の答えは、「生きること」となるのだ。

それ自体の外《そと》に目的をもつものは何一つとして、生きることを骨折りがいのあるものにするものにはなりそうもない。なぜなら、目的をその論理的な帰結まで追求していくと、最終的には生きることへと帰着するだけだからだ。この類語反復の循環から出る道はある。わたしが知るかぎりでは、唯一の道、目的の連鎖が終わる活動を見つける道だ。わたしたちが生きることの価値を見つけたいのなら、人生の意味、または意味の一つになりそうなことを見つけたいのなら、目的をもたないものを見つけるべきなのである。言い換えれば、生きる上で真に重要なものになるための必要条件とは、それ自体以外には目的をもたない、それ以外のものにとっては役に立たないということである。この意味での無価値こそが、真の価値の必要条件なのだ。何かの価値が他の何かにとっての有用性であるなら、価値はその他の何かにあることになってしまうからだ。

こうして、モーリッツ・シュリックもわたしがたどり着くより何年も前に結論したように、人生で何が価値あるのかを見つけたいのなら、目的――そしてその価値――をそれ自体の内部にもつものを見つける必要がある。そして、これもシュリックのおかげで、これらが何であるかは明瞭である。わたしたちがすることで、それ自体のために価値があるのは、あらゆる形の遊びである。そして、走ることは、少なくともおとなの人間にとっては、もっとも古くてもっとも単純な形の遊びである。わたしたちはさまざま理由で走ることもできる。これらの理由のほとんどは手段であって、道具的な価値だけの基盤をなす。けれども、走ることの真の価値は、この道具的な価値をしのぎ、それ自体で走ることを「骨折りがいのあるもの」にする。走ることとは、人生において目的がストップする場所の一つである。走ることの目標と価値は単に走ることなのだ。走ることの目的と価値はそれ自体に内在する。走ることのこのようなものとして、ランニングは、人生を「骨折りがいがあるもの」にできることの一つなのである。

マラソンをわたしたちにくれた場所は、哲学もわたしたちにくれた。その場所とは、紀元前四世紀と五世紀の都市国家、アテナイである。古代アテナイ人を理解するには、少なくとも三つのことを理解する必要がある。かれらの神々、哲学者たち、競技選手たちである。たしかに、その当時までには、アテナイ人もかれらの神々を信じることはできなくなっていた。現代のわたしたちのほとんどが、天地創造の神を信じられないのと同じだ。それでも、アテナイ人はまだ神話を覚えていた。天地創造とアダムとイヴの堕落の話と同様に、重要なのは文字通りの真実というよりも、かれらが覚えていたことの形而上学的な真実である。

シェイクスピアのもっとも記憶すべき名言の一つは、リア王の娘、リーガンに盲目にされたグロスター伯が、その直後に発する「神々にとって我々は、わんぱく坊主にとっての虫けらのようなものだ。

かれらは戯れ《スポーツ》のために我々を殺す」という台詞である。古代ギリシャ人にとって神々とスポーツの関係は実に緊密だった。その理由は偶然ではない。一八世紀のドイツの哲学者、歴史家、詩人、戯曲作者であるフリードリヒ・シラーは「人間の美的教育についての書簡」で次のように書いている。

なぜなら、一度はっきり断言しておくと、人は、人という言葉の完全な意味において人であるときにのみ遊び、遊ぶときにのみ完全に人間だからである。この命題は、目下は逆説的にみえるかもしれないが、わたしたちがこれを義務と運命の二重の深刻性に適用するようになれば、これは大きくて深い意義をもつだろう。わたしは約束する。この命題が美的芸術と、これよりももっと困難な処世術の体系を支えるようになることを。けれども、この命題が予想外なのは科学においてだけであって、芸術やギリシャ人の感情、すなわち芸術の重要な提唱者たちの感情においては、久しい以前から存在し、効力をもっている。ただ、ギリシャ人は地上で実現されるべきことを、オリンポスの山に移したのだ。かれらはこの命題の真実に導かれて、人間の頬にしわを刻む真剣さや苦労だけではなく、うつろな顔をなめらかにする無益な快楽をも、崇められた神々の額から消え去らせ、これら永遠に満足する者たちを、あらゆる目的、あらゆる義務、あらゆる憂慮の束縛から解放して、無為と無関心を神々しさのうらやむべき宿命にしたのである、これは、もっとも自由でもっとも崇高な存在につける、より人間的な名前でしかない。

［人間の美的教育について］一五番目の手紙、ドイツ語から翻訳］

この一節の意義を理解するために、オリンポスの神々を信じる必要はない。創世記の意義を理解するために、旧約聖書の神を信じる必要がないのと同じである。神または神々、これらは注意をそらすメタファーなのだから。どちらの場合でも重要なのは、その話が述べていることというよりも、それが示していることである。この一節には、重要な真実が具現化されているだけでなく、同じくらい重要な誤りもある。

まずは、ここに含まれている真実について考えよう。ギリシャ人は「地上で実現されるべきことをオリンポスの山に移した」。神の生は、理想的な生活――「もっとも自由でもっとも崇高な」生活――がどのようなものであるかを描写している。理想的な生活とは、「あらゆる目的、あらゆる義務、あらゆる憂慮」から解放された生活なのだ。このような生活を満たすために、何をするだろう。この生涯を働くことで過ごすのなら、その神は狂気に触れた神でなければならないはずだ。仕事を通して得られるものは何でも、神々しい指をカチッと鳴らすだけで、いまでも得られる。神々は働かなかった。かれらは遊んでいたのである。神々は不死身だったからだ。それ以外に神々は何をしようとしただろう。

そう、セックスが心に浮かぶだろう。あらゆる目的、義務、憂慮から解放された不死身の生き物は、セックスで多くの時を過ごしたに違いないと。神々がお互いとの、あるいはいつかは死ぬ運命にある人間との性的な接触を嫌わなかったことは、よく知られている。けれども、これすらもがゲームへと転じる傾向があった。ゼウスの目はアルクメーネ、アンティオーペ、ダナエ、ディア、エラレ、エウロパ、エウリュメドゥーサ、カリストー、カリュケ、カシオペア、ラミア、ラオダメイア、レダ、リシテア、ニオベー、オリンピアス、パンドーラー、プロトゲネイア、ピュラー、プティア、テュイアーといった、美人に惹かれたと思われる。ゼウスは時間をもてあましていたし、彼の目は美人にしばしば惹き付けられたのだ。最強な神であることは一定の利益があるが、不利なこともある。ゼウスは女性を追いかけることのスリルや、女性が望んでいるかいないかをめぐって気をもむ、という経験をしなかった。「彼女は望んでいる」とゼウスが断定するとしたら、それは、彼が神々の中で最強であるからであり、当該の女性にはそもそも選択の余地がないからだ。その結果、ゼウスは自分の性的な出会いをゲームへと転じた。アルクメーネを誘惑するために、彼女の夫に変装した。アンティオーペを誘惑するときには、サテュロスのふりをした。エウロパのためには、雄牛の姿を借りた。ただし、このゲームは誘惑とはほとんど言えなかったが。カリストーを誘惑するためには、オリンポスの一二神の一人、アルテミスの姿を借りた。レダの誘惑でゼウスが好んだのは、白鳥の姿だ。いちばん風変わりなのは、エウリュメドゥーサを妊娠させるためにゼウスが蟻の姿を借りたという話だ。生まれた男の子はミュルミドーン、つまり「蟻人間」と名づけられた。ゼウスは誘惑、征服、そしてレイプ（これがあったことも付け加えておかなければならない）の際、欲望の目標を達成するために、非能率的な手段をとるのを好んだ。わざと事を自分にとって難しくしたのだ。バーナード・スーツ［ゲーム論もあるカナダの哲学者］なら、ゼウスは遊びに先立つ目標《プレリューソリー》の達成に、遊び的な態度をもたらしたとでも言っただろう。ゼウスは遊ぶのが好きだった。理由ははっきりしている。ゲームを取ってしまったら、ゼウスの性的な遊びに残るのは、下半身のうれしい興奮だけなのだから。これも捨てがたいが、不死身の存在の礎石にするようなものではないと思う。

次に、シラーの主張に含まれている誤りについて考えよう。ゼウスは道徳上のモンスターで、同様のことは他のオリンポスの神々にも言える。シラーの主張の誤りは、仕事人生に代わるものは「無為と無関心」だと考えた点にある。もちろん、遊ぶというのは、怠惰ではほとんどあり得ない。しかし、ゼウスは他者を扱うときに、驚くほど相手に無関心で、無神経である。ゼウスの道徳的な欠陥はすべて、内在的な価値をそれが存在するあらゆるところで見出すことができなかった、あるいは見出そうとしなかったことに由来する。ゼウスにとっては、内在的な価値はゲームに見出されるべきもので、いつかは死ぬ運命にある者、つまり人間たちは、彼のゲームで一定の役割を演じる限りにおいてだけ価値があるのだ。ゼウスにもたまには、いつかは死ぬ運命にある者がそれ以上の存在なのではないかと思う瞬間があったようだ。これらの瞬間は、彼にとってはつかの間の啓示、啓示のおそろしい閃光だったのかもしれない。そうした瞬間にはゼウスも、いつかは死ぬ運命にある仲間を守るために力を尽くそうと思ったことだろう。けれども、たいていは、かれらはゼウスにとって将棋の駒でしかなかった。道具的な価値だけしかもたない存在だったのだ。

今日、わたしたちはこれとはまったく異なった道、オリンポスの神々にとっては理解することすら難しいはずの、死ぬ運命にある畦《あぜ》道を歩んできたように思える。幸いにもわたしたちは、いずれ死ぬ運命にある人間に内在的な価値があることを認識している。もちろん、わたしたちがこう考えるのは、まったく正しい。この認識を、人間以外の死ぬ運命にある存在にも拡張できると考える人もいる。わたしもその一人だ。それでも、個々の人間は、内在的な価値のもっとも明瞭な軌跡である。西洋の倫理的及び政治的なシステムの根底にある基本的な観念は、すべての人間が生まれたときから平等だ、というものである。すべての人間は平等に価値があり、この価値は人間自身に内在的、つまり本来的に備わっているのだ。人間はゲームの駒として、目的への単なる手段として扱われるべきではない。一八世紀のドイツの哲学者、イマヌエル・カントが言うように、人々は「かれら自身の終焉」である。他方では遊びはふつう、人生のもつ、相対的には重要でない側面だと考えられている。もちろん、人は生活の中で遊びにちょっとした時間を割くべきだけれども、多すぎてはいけないし、生活のもっと重要で緊急な用件を片付けてからにしなければならない、とされる。このような考え方は、わたしたちのほとんどが生きるために働かなければならない、工業時代や脱工業時代の生活にともなう事情のせいばかりではない。この姿勢はもっと深いところを進む。勤勉な労働は、正当にほめられてしかるべきものだが、遊びは人が単にするだけのものとされるのだ。人生を遊んで過ごす人は——とても幸運で働かなくてもすむ場合——反感を呼ぶことがある。そのような人のことをわたしたちは、「まったく成長しない」と言うかもしれない。そして、この言葉には侮辱がこめられているはずだ。勤勉な労働は有益で崇高だが、遊びは気晴らしでしかないのだと。

わたしたちは疑いもなく、オリンポスの神々よりも道徳的にはすぐれている。それでも同時に、わたしたちはギリシャ人が知っていたことを忘れてしまった。子ども時代には知っていたことを忘れてしまうように。ギリシャ人は、ユートピアではわたしたちがゲームをするであろう、ということを理解していた。ユートピアでは、生きることの償いとなるもの、人生を「骨折りがいがある」ものにするのは遊びである。しかし、ユートピアは正確に描写されれば、人が生きることのできる最高の人生である。だから、ギリシャ人は遊びを、人が生きることのできる最高の人生の本質的な要素だとみなしていた、と結論しなければならないようだ。人生で内在的に価値があるのは遊びであって、仕事ではなく、したがって人生を「骨折りがいがある」ものにするのは遊びであって、仕事ではないのだ。

プラトンは紀元前四世紀前半のアテナイの傑出した哲学者であり、おそらくはこれまでにもっとも偉大な哲学者だと言える。アルフレッド・ノース・ホワイトヘッドがかつて指摘したように、西洋哲学はプラトンの一連の脚注でしかない、というのはたしかだ。プラトンはその哲学的な体系を、彼がエイドスと呼んだもの、現在は「フォーム」〔日本語では「形相」と訳される。以後の脈絡に合うように、本書では「フォーム」と英語のままで訳す〕と呼ばれるものの存在をめぐって構築した。あるもののフォームは、その本質、それが本当は何であるか、である。今日、わたしたちはある人のランニング・フォームという言葉を使う。その人のテクニックという意味だ。これはプラトンをそっくりまねた言い方だ。ある人のフォームが良ければ良いほど、その人は完璧なランナーに近いのだ。これとはわずかに異なった意味で、わたしたちは競技選手について、すぐれたフォームだとかひどいフォーム、あるいはイン・フォーム〔調子が良い〕とかアウト・オブ・フォーム〔調子が悪い〕と描写する。わたしたちが今日使う言語において、プラトンはわたしたちととても同調している。わたしは調子の良い日でも、つまり「イン・フォーム」でも、長距離走者のフォームからは非常に離れている。明白な二例をとると、ハイレ・ゲブレセラシエやケネニサ・ベケレはこのフォームにはるかに近い。実際、現存であれ過去の人であれ、あらゆる人間の中でこの二人ほど、長距離走者のフォームに近い人は他にはいないだろう。しかし、ゲブレセラシエやベケレですら完璧ではない、とプラトンは言うだろう。物理的な世界の何ものも完璧ではないのだと。ある人をランナーにするのは、ランナーのフォームへの類似か、あるいはプラトンがしばしば言ったように、ランナーのフォームへの関与である。かれらのランナーとしての地位は、ランナーのフォームとのかれらの関係によって決まる、つまりランナーのフォームとの関係に依存している。ところが、フォームはフォームそのものであって、地位のために何かに依存しているわけではない。これはもっと一般的にも言える。わたしたちの世界に存在するあらゆるものは、それが一つあるいは複数のフォームと一定の関係をもっているから存在するにすぎない。わたしが一人の男性であるのは、わたしが男性のフォームと（不完全にだが）似ているからなのだ。ヒューゴーがイヌなのは、ヒューゴーがイヌのフォームに似ているからなのだ。けれども、逆方向の依存性はない。フォームは、その存在を例示する事物に依存してはいない。

もっとも重要なフォーム、もっともリアルなフォームは、善なるもののフォーム、つまり「善」であるとプラトンは論じた。あらゆる良いもの、行為、規則、人々、機関などは、それらが「善」に似ているか、あるいは「善」に関与するからこそ、良いことだとされる。これらすべてのことの良さは、依存的な良さである。これらは、それらの外《そと》にある何か、つまり「善」と、適切な関係にある限りでは良いものなのだ。しかし、「善」は良いことそのもの、それ自体で良いことである。要するに、プラトンによると、あらゆるものはフォームをもつ。これらのフォームは超感覚的な非物理学的な領域に属し、この領域でこれらのフォームは上昇する真実のピラミッドを形成する。ピラミッドの頂点をなすのは善のフォーム、すべての中でもっともリアルでもっとも価値あるフォームである。

わたしはこのような説をほとんど信じない。本質の非物理学的な世界は、上昇する真実と価値のピラミッドへと組織されるという。このような主張をわたしは、オリンポスの神々や創世記の神についての主張と同じくらいにしか真剣にはとらない。哲学というのは奇妙な学問分野である。哲学では、もっとも偉大であることと、ほとんどすべてのことで誤っているということが、矛盾しないらしいのだ。そしてわたしは、プラトンはほとんどすべてのことで誤っていたと思う。わたしたちが何かを発見するときには、直感的、本能的に感知する着想が実際とても重要である。そのようなとき、人間は理性を失いがちで、その着想を過度にとっぴで、かなり陰険な形而上学的な衣装で飾り立てる傾向がある。これを示すもっとも明白な例は宗教かもしれない——オリンポスの神々であれ、ユダヤ教やキリスト教であれ。プラトンもこのような人間的傾向を免れなかったのだ。宗教的であれ、形而上学的であれ、これらすべての場合において重要なのは、教義が述べていることではなく、教義が示していることである。真実ではないものの行間からおずおずと這い出てくる、重要で真実なものこそが、見つけられるべきなのだ。

プラトンの「善」とは、それ自体において良いということである。プラトンの「善」からその形而上学的に過剰な部分をとり除くと、何か他のもののためよりもそれ自身のために価値がある「善」ということになる。言い換えれば、プラトンの「善」は内在的な価値である。フォーム〔形相〕の世界はないのだ――少なくともわたしは、このようなものはないと確信している。だが、内在的な価値はある。それはこの世界に見出されるもので、他の世界にではない。わたしたちの人生と、その人生でわたしたちが行なうことに見出されるのだ。この人生において、「善」――何か他の世界のフォームとしてではなく、内在的に価値があるものとして理解される「善」――を愛するのは、まさしく価値がある。道具――それ自体ではなく、それが何か他のものをもたらしてくれるからこそすぐれているもの――は、人生においては取るに足らないものだ。あなたがそうした手段や道具を欲しがったり、切望したり、どうしても必要とするのは構わない。けれども、あなたはこれらを愛すべきではない。愛するだけの価値はないからだ。金への愛はあらゆる邪悪の根源であると、聖書が教えてくれる。もっと妥当な言い方をすれば、金への愛はあらゆる種類の邪悪の根源である。この点では聖書はまったく正しい。けれども、これはもっと一般的な真実の限定バージョンでしかない。すなわち、愛とは、内在的に価値あるものと適切な関係をもつことである。内在的に価値がないものを、あたかもそれがあるように扱うこと、それがあらゆる種類の邪悪、すなわち邪悪な生活、邪悪な社会・政治体制、そしてしばしば、邪悪な人々の根源なのである。内在的に価値あるものだけが愛する価値がある。人生でもっとも重要な課題の一つは、愛する価値があるものに囲まれること、そして、これらのものをそうでないものから区別する能力をもつことである。

次に、典拠があやしそうなフェイディピデスがいる。ヘロドトスによると、攻めてくるペルシャの大軍がマラトンの海岸に上陸したとき、フェイディピデスは支援を頼みにアテナイからスパルタまで、一五二マイル〔約二四三キロ〕の距離を走ったという。他にも由来も真偽のほどもはっきりしない説がある。これらによると、戦いに従事したフェイディピデスは、ギリシャ勝利のニュースをたずさえてマラトンからアテナイまで二六マイル〔約四一・六キロ〕を走った。これは彼が走れる限界だったようで、「我々は勝った」と告げるなり、すぐに息を引き取ったという。フェイディピデスが実在の人物かどうかには関係なく、マラソンという名のレース（名前の理由は明らかだ）の由来が語られるときには、かならずフェイディピデスが登場する。

フェイディピデスにとっては、走ることはただの道具的な価値しかなかったと推測される。だれかが将軍が彼にこう言ったのだろう。「フェイディピデスよ、アテナイに行け、速くしろ！　ウマなどいらん！」　フェイディピデスは走る以外のことのために走った。命令に従わなかったり、司令官の不興を買ったりして、ひどい結果になるのを避けたのだ。人がランニングを新たに始める場合、あるいは長い間のブランクの後に再開する場合、あらゆることがランニングのもたらす成果と関係しているかもしれない。たしかにわたしの場合もそうだった。もっとも、おもにイヌたちに関係する成果、というのはいささか独特ではあるが。だから、おとなになってからのわたしのランニング生活は、道具的な起源をもっていた。

それでも、どんな道具的な理由から走ろうとも、ランニングには非道具的な本質、フォーム［形相］があり、これはゆっくりとふたたび自己主張をする傾向がある。少なくとも、わたしではそうだった。ブレニンと走りはじめたとき、わたしは安月給の哲学准教授で、自転車を買うことができなかった。だから、ランニングは緊急事態に対処するため、ブレニンにわたしの所有物を何でも食っしまうのを思い止まらせるための、いちばん安い解決法だった。ところが、年月がたって、わたしの給料がだんだん上がってくると、自転車を買おうと思えば買えるようになった。実際、数年後にアイルランドに移ったときには、かなりすてきなマウンテン・バイクを買った。けれども、これを使ったのは、怪我をして、当時かなり大きくなっていた群といっしょに走れなかったときだけだ。この時点までに、ランニングはわたしを捉えていた。ランニングの本質――走ることのハートビートとわたしが思うようになったもの――が、わたしを支配したのだ。群が年老いて弱くなり、かれらの破壊的な暴虐も衰えてくると、わたしは自分がしていることに説明をつけるために、新しい道具的理由を考え出した。これらは実のところ小さな神話だ。たとえば、走ると鮮明な思考が誘発されるから走るのだ、と自分に言い聞かせた。だが、いまでは真実がわかる。理由などはなかったのだ。いくら走る理由をでっち上げようと、断言しようと、イヌたちを静かにさせるために走ったり、ランニングに伴う認識の質のために走ったりすることはますます少なくなっていた。それよりも、走るためだけに走ることが多くなっていた。

フェイディピデスも似たような転換を経験したのではないかと、想像したくなることがある。フェイディピデスの長距離走がしだいに道具的な由来から去るのだ。一歩一歩、一息一息、フェイディピデスは彼の走りのハートビートに引き込まれていく。彼は自分自身と協定を結ぶだろうか。「ミケーネの十字路までは走れ、そのあとはしばらく歩いてもよいから」などと言って。フェイディピデスは意図的虚偽のマイスター、破るとわかっている約束をする者になるだろうか。こうすることでフェイディピデスは、自分の心といっしょに時を過ごすことを学び、キケロが後に主張するように、いかにして死ぬべきかを学ぶだろうか。さらに、走りのビーティング・ハートの中へと入るだろうか。どこからともなくやってくる思考は、フェイディピデスのためにも、わたしのためにしたように躍動するだろうか。フェイディピデスは走りのビーティング・ハートの十分奥まで入り込んで、自分が理由の支配力を越えたところにいることを理解するようになるだろうか。これらは走りのビーティング・ハートの体験である。これらは「善」の体験である。これらは内在的な価値の体験、内在的な価値が人間の生活の中に姿を現わすことができる道の一つである。

　プラトンによると、「善」は存在の別の領域、フォーム〔形相〕の世界に属し、フォームの頂点にあるという。したがって、「善」へのわたしたちのアクセスは知的なもので、抽象的な道理への知的能力をもつ心によってのみ、わたしたちはフォームを明解に洞察することができるということになる。哲学においても宗教においても、自己が心によって、他の世界、霊界とか形而上学的な世界とむすびついているという考え方は、伝統的にある。心は一部しかこの世のものではなく、この世と別の世界との両方にまたがっているというのだ。けれども、他の世界などというものはない。わたしたちが死ぬと、心が昇って行く天国などはないし、わたしたちが生きている間に心が出かけて行けるようなフォームの世界もない。内在的な価値はこの世にあるのだ。存在する唯一の世界に。そして、わたしたちはこの世界に、心を介してとおなじほど、身体を介しても近づくことができる。

この点で、アテナイの神々、哲学者たち、運動競技選手たちが結びつく。神々はわたしたちに、遊びは人が生きることのできる最高の人生の本質的な構成要素なのだ、遊びは人生を「骨折りがいのあるもの」にするものなのだ、と教える。哲学者たちからわたしたちは、人生でもっとも重要なものは「善」を愛すること、人生で見つけられるかぎりの内在的な価値を愛することなのだと学ぶ。そして、フェイディピデスの足跡を走ることで、わたしたちはランニングが遊びであって、それゆえに内在的に価値がある、ということを学ぶ。「善」が人間の生活に姿を現わすのだと。言うまでもなく、ランニングだけが唯一のゲームではない。ギリシャ人自身、多くの競技を発明し、プレーした。これらすべてのゲームにわたしたちは内在的な価値を見出す。人生における「善」なるものは、これらすべてを通じて姿を見せる。将来、ついに走ることができなくなった折には、わたしは別のゲームを見つけなければならないだろう。けれども、ランニングは古いゲームであり、存在する最古でもっとも単純なゲームの一つである。ランニングはそれ自体が、人間の活動における「善」のもっとも古くてもっとも単純な明言である。ランニングは、人生における内在的な価値の理解の具現化である。これがランニングの意味、これが本当のランニングなのである。

シラーによると、オリンポスの神々は、いずれ死ぬ運命にある人間のように「頬にしわを刻む真剣さや苦労」をもたないだけでなく、「うつろな顔をなめらかにする無益な快楽」ももたない。シラーから見ると、苦労と楽しさ《プレジャー》は深くむすびついている。楽しさは、頬にしわをつくる苦労から気を散らさせるもの、気晴らしとして、人生において価値がある。だから、楽しさの価値は、そのアンチテーゼとは違って、本質的には苦しみに依存している。たとえば、ある人は真剣で苦労の多い一日から帰宅したことのしるしとして、ドリンクがしまってあるキャビネットのところに行くかもしれない。「苦労を鈍らせるためのもの」というわけだ。別の人は、ただすわって、うまくつくられたシットコム〔シチュエーションコメディー〕を観るかもしれない。両方ともが、楽しさの源であるかもしれない。しかし、これらから誘引される楽しさは、日常生活の目的、義務、不安から気をそらせ、気を散らす能力という機能である。これは、うつろな顔をなめらかにする楽しさであり、魂の表面をなでるだけで、持続的な印象は残さない。

楽しさと気晴らしのこのようなつながりへの手がかりは、これと密接した言葉、「楽しみ《ファン》」(fun)の語源にある。わたしたちは物事を「楽しみのために」する。「楽しみ」は楽しさを意味するが、言外には気晴らしという意味も含んでいる。一七〇〇年代初めより前には、この言葉は主として名詞ではなくて、「だます」とか「かつぐ」という意味の動詞として使われ、おそらくはアングロサクソン語のfonnen、つまり「馬鹿にする」という言葉に由来する。だから、これに対応する名詞はだましとかトリックを意味した。楽しさは、人生のどれほど多くが道具的な価値に支配されるようになったかということから気をそらせる機能をもつ、という意味でのトリックやかつぎである。だから、わたしたちが楽しさにおく価値は、わたしたちの人生のどれほど多くが仕事の前哨となったか、わたしたちが何か他のことのためにだけするような活動の前哨となったかを示す、徴候なのである。内在的な価値が不足する人生においては、楽しさはもっとも重要である。楽しさは現代の大いなるかつぎ——物事を馬鹿にすること——なのだ。

けれども、幸福の一定の理解のしかたもまた、この時代の特徴である。幸福はふつう、楽しさ《プレジャー》の一つの形、あるいは少なくともこれとおなじくらい重要な、楽しさの同類とみなされる。幸福も楽しさも暖かい、うれしいといった気分、ある種の楽しめる気分として概念化されている。幸福と楽しさの間には微妙な違いがあるかもしれない。たとえば、幸福の気分は楽しさよりもより安定していて、楽しさほどつかの間のものではないかもしれない。はっきりと説明し難い何らかの意味において、幸福の方が「より深く」「より意味をもつ」かもしれない。それでも、これら二つの間のどのような違いも、気分のタイプや質における違いであろう。これは、幸福の「快楽主義」的な概念として知られ、もっと前の時代に好まれた「幸福主義」的な説と対照をなす。古代ギリシャ人は幸福をそもそも気分とはみなさなかった。古代ギリシャ人にとっては、幸福はWell-being、つまり人間に特徴的な道徳的、知的、運動的な徳と調和して生きることであった。かれらにとって幸福は、感じ方というよりも、存在のしかただったのだ。快楽主義的な幸福の概念は、「功利主義」として知られる道徳的原理の生みの親、ジェレミ・ベンサムによって擁護され、それ以来、この概念が幸福についてのわたしたちの想定を支配してきた。いかにして幸福を生み出すか、あるいは社会における幸福の量をいかにして増やすかについては、さまざまな人々がさまざまに異なる考え方をもつのに対し、幸福がある種の楽しい気分であるという考え方は、いまやほとんど疑問の余地はない。ロンドン・スクール・オブ・エコノミクスの名誉経済学教授で、イギリス政府のアドヴァイザーとして社会政策に影響をあたえたリチャード・レイヤードは、幸福は「気分が良く、生活を楽しみ、この気分がつづくことを願うこと」だと言う。そして、ハーヴァード大学のタル・ベン−シャハー教授が、「幸福は楽しさと意義の全体的な体験」と主張するなら、二人ともまったくオーソドックスな観点を表現していることになる。

こうして、楽しさが現代の大いなる「かつぎ」であり、楽しさと幸福の間の区別がせいぜいのところ、希薄でしかないのなら、幸福についても同じことを言わざるを得ないように思える。けれども、このような結論は早計である。快楽主義的な幸福の概念における問題は、幸福について述べていることが誤っているのではなく、半分だけ正しいという点である。快楽主義的な立場は、幸福を一つのもの、ある種の気分とみなしている。だが、幸福の概念は根本的には多義的である。幸福は一つのことではなくて、二つである。そしてこれら二つは非常に異なる。幸福が楽しさと同類のものだと理解されるなら、トリックとかかつぎだという非難は、明らかに幸福にも向けることができる。しかし、これだけが幸福の理解のしかたではない。

ふつう、幸福は内在的に価値がある、つまり他の何かではなく、それ自体のためにわたしたちが欲しがるものだとみなされている。それどころか、幸福が内在的に価値あるという主張は、少なくとも哲学者たちの間ではほとんど普遍的に受け入れられている。一見すると、この説は妥当のように思える。わたしたちが金銭を欲しがるのは、金銭で幸福が買えると思っているからかもしれない。それでは、わたしたちは幸福で何が買えると思っているだろう。わたしたちは幸せでありたいから、幸福を欲しがるのであって、他の理由のためではない。これこそが、目的が終止するところである。したがって、幸福は内在的に価値がなければならない。けれども、わたしたちが幸福を楽しさとみなしてしまうと、幸福は内在的な価値があるものではなくなると思う。幸福を楽しさだと理解するなら、わたしたちは幸福を他の何かのために欲しがってしまう。自分の生活が仕事に支配されていることから気をそらすために、幸福を欲しがる。あることをするのは他の何かのためだけであって、その何かはまた別のため……と、道具的な堂々巡りは果てしなくつづく。けれども、幸福は人生の目的が終止する場所だったはずだ。しかし、幸福が楽しさだとみなされると、実際にはそうではなくなるのがわかる。楽しさだと解釈されると、幸福は人間の魂のシットコムになってしまうのだ。

ゼウスは、シットコムの考え方には疎かっただろうが、この点は理解していた。遊びが停滞に終わり、時には楽しさの気分が湧かなかったとしても、ゼウスはゲームに固執した。わたしたちは、そうしたければ、幸福を楽しさとみなすこともできるが、そうすると、幸福がとくべつに重要ではないかもしれないということ、つまり幸福が人生を「骨折りがいがある」ものにはしない、ということも認めなければならなくなる。いくらかでも確信をもってゲームをしたことのある人、そのゲームに何が伴うかを一秒でも考える人は、ゲームは楽しさ《プレジャー》のためではないし、そうなることは決してないだろうということがわかる。ちょうど完走したばかりの二六・二マイル走は、楽しさとは関係がないということがわかる。わたしは自信をもって言える。実際、これがひどく不快だったのはたしかで、とくに後半の一三・一マイルはそうだった。終わった後も、仕事をうまくなし遂げたことからくる満足感の暖かなほてりといった埋め合わせ、不快感を洗い流してくれるようなものもなかった。思い出すのは、あいまいで説明しにくいレース後の困惑感、ある種の「さあ、どうなる？」といった興奮だが、経験から考えても、そういう気持ちだったのだろう。それでも、走っているときもレース後も自分は幸福ではなかったと、同じくらいの自信をもって主張しようするつもりはない。その逆で、わたしは深く、法外に、それどころかうんざりするほど幸福だったと思う。これが正しいのなら、すべての幸福が楽しさだとはかぎらない、と結論せざるを得ないようだ。ときには、幸福は楽しさを伴うことすらないのだ。

レースの最中、理由と行為の間にある、埋めようもない隙き間をはじめて理解し、この世のどのような理由もわたしを支配しないことを理解したとき、自分が喜び《ジョイ》の中で走っていると言いたい誘惑にかられた。この誘惑には結局、勝つことができなかった。シュリックも楽しさを、彼が「喜び」と呼んだものから区別した。しかし、何かにラベルを付けても、このラベルの意味を言えないのなら、いいことはない。それに、そもそも楽しさと喜びの間に何らかの区別があるとしても、現代という時代がその区別をほとんど目に見えなくしてしまっている。だれかが何かを「楽しむ」と言うなら、その人がその何かを喜ばしい、「楽しい」と思っているにすぎない。現代はフィーリング、気分の時代だ。気分は仕事に支配される生活からの気晴らしだ。それでわたしたちはこう思うようになる。喜びはとくべつに高揚した楽しさであり、楽しさがより深く、より強くなった気分以外の何ものであり得ようか、と。けれども、わたしが先に自分の喜びと呼んだものは、むしろ残酷な形の不快感の体験といっしょに来た。そうなると、どのような意味で、どのような正当性をもって、この体験を「喜び」と呼ぶことができるだろうか。

喜びは幸福の別の形である。楽しさとしては理解できない幸福の変形である。楽しさとしての幸福は、幸福の感じられ方によって定義されている。だが、これは喜びとしての幸福には当てはまらない。わたしが喜びを体験したのは、理由と行動の間にある隙き間で走ったときだったと述べた。しかしサルトルは、おなじ経験を「苦悶」と描写した。これほど異なる経験的な意味を含む言葉が、同じ経験を指しているという事実は、この喜びが感じ方によっては捉えられないことを示している。喜びには多くの感じ方がある。気分が喜びに伴うことはあるが、気分が喜びを定義するわけではないし、喜びをつくるわけでもない。わたしがどこからともなく訪れた思考とともに走るときに出会う喜びは、これに伴う気分の点では、後に今日のレースで、自分がもつ、あるいはもつことのできるあらゆる理由がわたしに何の支配力ももたないとわかったときに出会った喜びとは、まったく違う。それでも、これらは両方とも喜びがもつことのできる形である。喜びはその本質においては、一つの気分ではないし、複数の気分の集まりでもない。喜びは認識の一つの形なのである。

わたしたちの生活が道具的なものに支配されればされるほど、わたしたちは楽しさを高く評価したがる。喜びの機能はこれとはかなり異なる。喜びは多くの経験的な形をとることができる。集中の喜びは、自分がしていることにとっぷりと浸るという経験である。専念の喜びもある。成果ではなくて行為に、目標ではなくて活動に専念する経験だ。忍耐の喜びは、できるだけ力をつくしてゲームをし、どれほどの代償がかかろうとも、ゲームにすべてをそそいで何も残さない経験である。荒々しく、熱烈な反抗の喜びもある。「ノー、僕は君に倒されない。今日、ここでは僕は倒されない」という挑戦だ。どのような形をとろうと、喜びは走りのハートビートの中に見出される。けれども、究極的にはこれらすべての形は同じことに行き着く。喜びは、人生における内在的な価値の経験、認識である。喜びは、人生においてそれ自体に価値をもち、それ自体のために価値があること、人生において愛するだけの価値があることの認識なのである。楽しさは、内在的な価値をもたないものからわたしたちの気をそらせる。喜びは、内在的な価値をもつものの認識である。楽しさは感じ方の一つであるが、喜びは見方の一つである。喜びは、楽しさではない何か、楽しさではあり得ないものである。喜びは、人生においてあらゆる要点や目的が終わる場所の認識なのだ。

わたしたちのほとんどは、この人生に入ってきたときと同じようにして、この人生を去るだろう。おびえ、混乱し、一人ぼっちで。けれども、わたしたちがこの世に入ってきたときには、愛する腕やなだめの言葉で迎えられたが、この世を去るときには、何ものにも迎えられない。あらゆるものの生涯は、このような一般的な輪郭をたどり、この限りでは生きることは寂しくて、とても不幸である。

それでも、人間に関してはいくらか異なる。わたしは、未来が何をわたしに用意していているだろうと心配したものだが、これだけでももう十分にひどいと思う。しかし、これが、わたしの子どもたちのために人生が用意していることにも当てはまることを、わたしは知っている。これは、自分についてよりもはるかにひどい。ヴィトゲンシュタインがかつて指摘したように、時には人生でもっとも見えにくいものが、もっとも明白なもので、それらがもっとも見えにくいのは、まさしくこれらがもっとも明白だからである。この点は、いまのわたしには明白のようだ。子どもたちを人生から、そして、わたしによって連れてこられたこの邪悪な場所から守るために、大きな意義あることをわたしはできない。たしかに、子どもたちがすこやかに生き、成長し、発展し、人生における内在的な価値との出会いがぎっしり詰まっていく間、わたしもいくらか手を貸すことはできる。けれども、かれらの人生が厳しくなる頃には、わたしは最悪の無能な父親のように、もうここから去ってしまっていることだろう。ほんの二、三〇年後には——わたしに二、三〇年が残されているとするのも僭越だが——わたしは子どもたちを見捨て、かれらはわたしなしで、自分が次第に消えていくことに直面しなければならない。わたしは子どもたちの想い出の中に生きつづけることができるだろうか。子どもたちのために、いかにしてこの悪意ある場所を生きるべきか、自分が次第に消えていくことにどのように直面すべきかの、力強い見本を用意してやれるだろうか。できるかもしれない。だが、残念なことに、わたしたちが子ども時代につくる想い出は、弱々しい。息子たちは想い出などまだ必要としないのだ。想い出をもつ必要がどこにあるだろう。そして、かれらが想い出をつくるようになる頃までには、わたしのことを記憶にとどめようにも、わたしはもはやいないだろう。

ミラン・クンデラがかつて述べたように、わたしたちは忘れられてしまう前に、キッチュへと変わっている。わたしについて残る想い出はカリカチュアか、あいまいな示唆か、かつてあったテーマだろう。わたしたち人間にとっては、自分の運命を理解することは自分の運命の一部である。それだからこそ、わたしたちが愛する人の運命は、わたしたちの運命の一部になる。ということは、わたしたちの人生は寂しいとか不運以上である。悲劇的なのだ。悲劇は不運と理解が出会うところに生まれる。人が苦しみ、死ぬだけでなく、同時にこの苦しみと死は取り返しがつかないということを理解するときに、悲劇が生まれるのだ。

　もし、この人生に意味があるのなら、それは生きることを償うようなものであるはずだ。カミュが言ったように、それは人生を「骨折りがいがある」ものにするもののはずだ。ニーチェはこれよりさらに進んだ。人生の意味は、わたしたちをして生きることに耐えるだけでなく、生きることを愛せるようにすべきだという。「人間の偉大さを言い表す私の決まった言い方は、運命愛（amor fati）である、すなわち、何事も現にそれがあるのとは別様であって欲しいとは思わぬこと。未来に向かっても、過去に向かっても、そして永劫にわたっても絶対にそう欲しないこと。必然を単に耐え忍ぶだけではないのだ。いわんやそれを隠蔽することではさらさらない。――あらゆる理想主義は、必然から逃げている嘘いつわりにほかならぬ。――そうではなく。必然を愛すること」［『この人を見よ』西尾幹二訳］運命愛は多くを要求する。ときには、わたしもなんとか過去に対処することができる。わたしのこれまでの人生は幸運だった。それでも、少なくともわずかな過去の愚行や無分別を後悔しないというのは、本当にむずかしい。物事を変えようとは思わないと言う人がいる。個人的にはわたしは変えようとすると思う。けれども、過去は未来とくらべれば、色あせて無意味になってしまう。この運命を愛するなどというのは、不可能な課題だと思う。

それでもまだ、自分が近づく瞬間はある。根本的には、重要なことを追いかけて生きる人生と、重要なことに没頭し、それに囲まれて生きる人生との間には違いがある。この二つのタイプの人生は、広くて橋がかけられない淵によって隔てられている。何か他のことのために走る人がいる一方で、走るためにだけ走る人がいる。この人生に見出されるべき意味があるのなら、それを追いかけるのではなく、単に走るほかないと思う。道具的な価値に支配される人生は、追いかけること、あることを他の何かのために追いかけることで費やされる人生だ。そうではなく、人生における「善」なるものを見つけよう。人生における「善」なるものを愛し、これの中に身を置き、全力をつくしてこれを放さないようにしよう。

ランニングと群、イヌ科動物と人間からなる群。この二つは、首尾一貫してわたしの人生における内在的価値、「善」の両極だった。走るとき、わたしは「善」に没頭する。わたしの群のメンバーは変わっても、群とともに走るとき、わたしは善に囲まれる。わたしたちがいつも群を見つけられるわけではない。境遇によっては、自分の望みどおりにはいかないこともある。それでも「善」を見つけることは可能だ。そのためには、ランニングシューズをはいて、走りがビーティング・ハートに入りこむまで走りつづけるだけでよい。走りつづければ、いつかは善を見つけられるだろう。

わたしが「善」に没頭し、「善」に囲まれているこうした瞬間には、たとえ運命を愛せないとしても、少なくとも運命と和解はしている。運命と和解するのは、違った運命だったらと自分に望ませることができないからだ。これが運命愛と同じだとは言いがたいが、和解ではある。これ以上のことはわたしにはできない。これらの短い瞬間には、過去に起こったことも、そして未来に起こることも、いかなる結末ももたらさない。群とわたしが走っていると、石の上で日光浴をしているトカゲに出会う。そのトカゲに一つの石から別の石に移って欲しいなどと願わないのと同様に、過去や未来が何か違ってくれることを願ったりはしない。これらの瞬間では、わたしの運命は何の支配権をもたない。わたしは運命を愛することはできないが、少なくとも、運命と同じように無感動、トカゲがねそべっていた石のように無感動であることはできる。これらの瞬間には、わたしは運命に等しい。人生のあらゆる要点と目的が停止するこうした時間。ここでは、追求が終わり、走りが真に始まる。

走りのハートビートの中で、かつての自分、かつて自分が知っていたことのこだまが聞こえる。走りのハートビートに包まれ、強く抱きしめられるとき、わたしは「堕落」以前の自分に戻される。走りのリズムに強く抱きしめられるとき、わたしは喜びの野原を走っている。それに囲まれ、それによって外から暖められる。こうした瞬間に、走りがわたしにささやく。走りのささやきは、去来する思考、見知らぬどこかから来て、見知らぬどこかへ消える思考だ。走りはわたしに、わたしがかつては知っていたのに思い出せなかった真実、回想の縁のちょうど向こう側に立ち、ゆっくりと消えていく夢のような真実をささやく。それは喜びのささやきだ。自由であるというのは何であるか、このような人生――わたしたちを裸のままにして、死にゆく存在にしておく人生――で何が本当に重要なのかをささやく。エデンの園でのわたし時間をささやくのだ。

謝辞

編集者のサラ・ハロウェイさんには、本書が最終的な形をとるまでの何ヶ月にもわたって、忍耐強く、貴重な助言をいただき、湧き出てくる思考がどのような道にいたろうと、それをたどるよう力づけていただいた。アンヌ・メドウさんは本書のドラフト原稿をすべて読んで、きわめて有効な提案を下さった。お二人、ならびに卓越した原稿審査をして下さったベンジャミン・ブーチャン氏、すぐれた校正その他の作業をして下さったミランダ・ベーカーさんに深く感謝する。

いつもながら、わたしのエージェントであるリズ・パッティックさんに感謝する。コリン・マックジン氏は、二人のあまり知られていない哲学者、ベルナード・スーツとオーレル・コルナイの著作に注意を向けて下さった。両方とも本書を書く上で、大いに参考になった。

理学療法士のブルース・ウィルク氏の魔法の指に感謝する。左のふくらはぎの傷ついた組織を何十年も鎮圧してくださった。氏の尽力なしには、第一章と第七章の元となる出来事は起こらなかったはずである。右のふくらはぎで、またしても氏のお世話になる日が遠からず来ることは、まちがいない。

ランニングは、長いこと忘れていた思考を掘り出す場所であると、わたしはほとんど確信している。かつて読んだのにほとんど忘れていた思想家、久しい以前に埋もれてしまった思想家たちが考えたことがふと現われてくる。わたしの脳が、身過ぎ世過ぎの穏健な日々の仕事にかまけている間に、こうした思想家たちの思考は脳のどこかに埋もれてしまっていた。わたしが走っているときに、まるでわたしが静かに立ち止まっていたかのようにそばをかするように通りすぎた思考、さまざまな形で本書に入り込んだ思考の多くは、プラトン、モーリッツ・シュリック、アルトゥーア・ショーペンハウアー、ジャン＝ポール・サルトル、フリードリヒ・ニーチェ、マルティン・ハイデガー、アリストテレス、デイヴィッド・ヒューム、レネ・デカルトのものである。

とりわけ大きな感謝は、わたしの群の動物たちに捧げなければならない。心やさしくも、わたしと生活を共にしてくれ、重要なことを追いかける人生と重要なことに没頭して過ごす人生との違いを理解するのを助けてくれた。わたしのイヌ科の群よ、どうもありがとう。ブーツ、パラオー、サンディー、ブレニン、ニナ、テス、ヒューゴー、何年もの間、いっしょに走ってくれてありがとう。怠惰で、それ以外にもグズなところのあるわたしは、君たちがいなかったら一度としてこれらの道を走らなかっただろう。そして、人間の群にも感謝する。わたしの生活がイヌなしにはならないようにしてくれた、父と母よ、ありがとう。息子たち、ブレニンとマクセンよ、わたしがとうの昔に忘れてしまったこと、忘れるように運命づけられていたことを、それぞれが誰にもまねのできない形で思い出させてくれて、ありがとう。最後に妻のエマに感謝を捧げる。彼女のことを、わたしが出会ったもっとも美しい女性、わたしが知るかぎりもっともやさしい女性だと描写したことがある。わたしは間違ってはいなかった。

訳者あとがき

本書はMark Rolands: Running with the Pack. Thoughts From the Road on Meaning and Mortalityの全訳である。原書タイトルは「群《むれ》と走る——ランニングから得た意味と死についての思考」といった意味で、この「群」とは、著者の前作『哲学者とオオカミ』の主人公でもあったブレニンという名のオオカミをはじめ、子ども時代から現在にいたるまでに著者のランニングの連れとなった、さまざまなイヌたちのことである。

『哲学者とオオカミ』では、若き大学教官としてアラバマ大学に赴任した著者と彼の友となったオオカミ、ブレニンとの生活が、アラバマ、アイルランド、ロンドン、フランスを舞台にして綴られ、その中で人間、生きること、幸福などについて哲学的な思考がめぐらされている。

その著者が今回は、アマチュア・ランナーとして登場する。彼はブレニン亡き後、アメリカのマイアミ大学に哲学教授として就任し、結婚して二児の父親となった。そしていま、五〇才という年齢を前に身体の衰えを意識しながらも、生まれてはじめてのマラソンを走ろうとしているのだ。

本書の「ストーリー」(と言ってよければだが)の一つは、著者がトレーニング不足、ふくらはぎの肉離れなどのハンディキャップをかかえながらも挑んだマイアミマラソンの体験、その過程で刻々変化する精神や肉体の状態、そこに訪れるさまざまな思考である。このマラソン体験を軸にした二つの章の間に、さまざまな時点、土地、状況を舞台にしたさまざまな走りの場面の章がつづく。愛犬とともに故郷ウェールズの山をかけ登り、一日じゅう止まることなく走らずにはいられなかった少年時代、オオカミのブレニンやイヌたちとともに走ったアイルランドの急な坂道、マイアミシティーでの、「アメリカン・ドリーム」を観察しながらのランニング、新しい愛犬とともに走るマイアミ郊外のジャングル、かつて、死を迎えたブレニンとともに走り、いまふたたび走る南フランスのラングドック地方。どの章でも著者は、それぞれの舞台背景にまつわる逸話や観察をウイット（時には皮肉も）やユーモアをこめて語りながら、これらの話題をきっかけに思考を進め、アリストテレス、プラトン、ショーペンハウアー、シラー、サルトル、ハイデガーなど、哲学者や思想家の説や考えを取り入れながら、ときには奇抜とも思える独自の考えを発展させていく。

そのほか、ミドルエイジ・クライシス、老いや衰え、若さの自由、ヨーロッパ人である著者から見たアメリカ人の国民性、大きな尻をもつサルとしてのヒトなどなど、多種多様なテーマが、ユーモアと真剣な哲学とがミックスした形で扱われる。ランニング自体に関する記述もたっぷりあるのは、もちろんである。

けれども、「はじめに」でもくわしく書かれているように、本書を最初から最後まで貫いているテーマは「内在的な価値」である。よく出される疑問、「人はなぜ走るのか」という疑問への答えとして、著者は内在的な価値、すなわち、あることが別の何かのためではなくて、それ自体でもつ価値の重要性を指摘している。ランニングには健康、友好関係、若返りなどなどの効用、つまり「道具的な価値」があるとしても、究極的には自分は走ること自体のため、内在的な価値のゆえに走るのだと著者は明言する。

あらゆることが経済的な価値で測られるようになった現代においては、「あらゆるものが何か他のことのためになされるべきだとされる」ようになった。あることが別のことに役に立つのでなければ、すべきではないと考える風潮すらある。著者はこのような物事の有用性や道具的な価値ばかりを重んじる傾向に対し、「道具的な価値に支配される人生は、あることを他の何かのために追いかけることで費やされる人生だ」「人生におけるあらゆるものの価値がその目的にある、という考え方は、人生の意味を見つけるのを不可能にする」と指摘し、「そうではなく、人生における『善』なるもの（それ自体で内在的な価値をもつもの）を見つけよう」「それ自体のゆえに重要であるものに触れれば、このような追い求めをしばらくは止めることになる」と提言している。そして、著者にとっては、走ることこそが内在的な価値の具現化だという。

著者は「内在的な価値をもつもの」は仕事ではなくて、〈遊び〉だとも言明する。どのような行為でも、他の何かのため、別の目標をめざして行なわれるのは仕事であり、一方、（たとえ他のことにも役立つとしても）それ自体をすることが目的や動機で行なわれることが遊び、というわけである。遊ぶためにわざわざ遊ぶのが遊びの神髄だからだ。著者は「遊びは人生を骨折りがいのあるものにする」と言ってのける。

そもそも、著者が過去二〇年になし得たシリアスな思考のほとんどは、走っているときに訪れたもので、著者にとっては、走ることと哲学することは離れ難くむすびついているという。そして走ることは、人生では何が大切であるのかを理解する方法の一つだと。「わたしが言いたいのは、走ることは、人生で何が大切で価値があるのかを理解する方法の一つだ、ということだ。自分自身を内在的価値に触れさせる方法の一つなのである。人生に内在する価値が姿を現わし、あるいはその存在を知らせるのだ」。こうまで言われると、これまでランニングはおろか、ジョギングすらしないわたしでも、ランニングに興味をそそられてくる。長距離を走っているうちに、著者が体験したような心と身体の葛藤とか、分離が起こるのだろうか。理由と原因との境界線を感じるような境地に入るのだろうかと。

一方、ランニングやマラソンをすでにしている読者にとっては、自分のランニング体験、長くて苦しい道のりの中で自分に起こることを、著者が語るようなプロセスと引きくらべてみることもできるのではないか。また、著者が次のように語ることを、ランニングをなさっている方はどう思われるだろうか。「走ることは回想の場だ。いちばん重要なのは、それが他者の思考を思い出す場所ではなく、わたしがとうの昔には知っていたのに、成長の過程や何がしかの者になる過程で忘れざるを得なかった、何かを思い出す場だということだ。……わたしたちが走ることの意味を見出すのは、この場所なのである」。

ランニングではなくても、自分がしたいこと、自分が好きなこと、それ自体のために何かをすること、つまりは遊ぶことで、内在的な価値にひたることはできるだろう。自分の生活をふりかえって、自分がどれだけ「内在的な価値」があることをしているか、内在的な価値があることをする喜びにひたっている瞬間がどれだけあるかを考えてみるのも興味深い。「若さは生物学的な年齢の問題ではない」「若さは活動が遊びになるとき、それ自体のために何かをするときには、いつでも存在する」という言葉に励まされて。

「何のために生きるのか」「人生の意味は何なのか」という疑問は、だれもが一度は考える疑問だと思う。それに対する唯一の答えなどないのかもしれない。著者は「人生で大切なことは、わたしたちが目ざす到達点ではなて、一つの人生のいたるところに散在するものであり、喜びが外からわたしたちをあたためてくれる瞬間に存在する」と言う。これだけで十分なのかもしれない。

本書の原書には life という言葉が頻繁に登場する。これは日本語訳にとってやっかいな言葉である。英語ではただ一つの単語が、日本語だと脈絡しだいで、命、生命、生きること、生活、人生、生涯など、ニュアンスが微妙に異なるいくつもの言葉を意味するからである。本書では what is the meaning of life とか what is important in life などの脈絡においてはほぼ統一して「人生」と訳したが、これにはもちろん「生きること」とか「生命」という意味も含まれている点をお断りしておきたい。

もう一つ、走りの heartbeat とか beating heart という言葉もさまざまな場面で出てくる。著者によれば「走りの本質」「走ることの本当の姿」を意味する。この言葉を「心臓の鼓動」「鼓動する心臓」とすると、著者の意図が感じとりにくくなることを懸念して、そのまま「ハートビート」「ビーティングハート」と訳させていただいた。

著者にはすでに十数冊の著作がある。邦訳されているものとしては、前述した『哲学者とオオカミ』（今泉みね子訳、白水社）のほかに、『哲学の冒険』（筒井康隆監修、集英社インターナショナル）がある。ごく最近に著者は「Animal Rights」（動物の権利）という本を出版した。動物実験、魚の激減などいま話題のニュースをとりあげ、動物を人間とは違うように扱う権利が人間にあるのかという疑問をなげかける本だそうで、こちらも関心をそそる。

著者のブログ（http://rowlands.philospot.com/）では、彼自身の写真、活動報告、マスコミでのインタヴュー、近況などが紹介されている。コメントやメールを著者に送ることもできる。わたしも本書中の不明な箇所について、メールで問い合わせたところ、すぐに気さくなお返事をいただいた。

これまで白水社から出させていただいたすべての翻訳書・著書と同様に、今回も編集部の稲井洋介氏にはたいへんお世話になった。訳語や表現について、細部にわたって的確なご指摘・ご助言をいただき、深く感謝いたします。

二〇一三年七月　ドイツ、フライブルクにて

今泉　みね子

訳者紹介
今泉みね子（いまいずみ・みねこ）
国際基督教大学教養学部自然科学科卒業、生物学専攻。
フリージャーナリスト・翻訳家。1990年よりドイツのフライブルク市に住み、ドイツ語圏の環境対策に関する執筆・講演に従事。
主要著書
「脱原発からその先へ　ドイツの市民エネルギー革命」（岩波書店）
「クルマのない生活」
「ここが違う、ドイツの環境政策」
「ドイツを変えた10人の環境パイオニア」（以上、白水社）
「みみずのカーロ」（合同出版）
「励ます弁当」（講談社インターナショナル）
主要訳書
「哲学者とオオカミ」
「オオカミと生きる」
「オオカミ――その行動・生態・神話」
「イルカがくれた奇跡」（以上、白水社）
「インフォグラフィクス原発」
「インフォグラフィクス気候変動」（以上、岩波書店）

哲学者が走る――人生の意味についてランニングが教えてくれたこと

2013年9月5日　印刷
2013年9月25日　発行

訳者 ©　今泉みね子
発行者　及川直志
印刷所　株式会社　三秀舎

発行所　株式会社　白水社
〒101-0052　東京都千代田区神田小川町3の24
電話　03-3291-7811（営業部），7821（編集部）
http://www.hakusuisha.co.jp
乱丁・落丁本は，送料小社負担にてお取り替えいたします．

振替　00190-5-33228　Printed in Japan　松岳社 株式会社 青木製本所

ISBN978-4-560-08321-5

最も大切なあなたとは、幸運が尽きてしまったときに残されたあなただ――

マーク・ローランズ　今泉みね子訳

哲学者とオオカミ

――愛・死・幸福についてのレッスン

気鋭の哲学者が仔オオカミと出会い、共に生活しその死を看取るまでの驚異の報告。野生に触発されて著者は思索を深め、人間存在についての見方を一変させる画期的な研究を結実させる。朝日新聞、北海道新聞、週刊文春、ＮＨＫ週刊ブックレビュー等で絶賛の話題作！